Berlins unbekannte Kulturdenkmäler

L&H VERLAG

„Jedes Kulturdenkmal,
das heute zugrunde geht,
ist für alle Zeit verloren.
Was wir jetzt nicht retten,
kann nie mehr gerettet werden.
Was wir jetzt versäumen,
kann keine künftige
Generation nachholen.
Vor dieser Aufgabe
gibt es kein Ausweichen.
Nicht der Glanz einiger
durchrestaurierter Großobjekte
darf in dieser Zeit oberstes
Ziel der Denkmalpflege sein,
sondern allein die
Substanzerhaltung möglichst
vieler historischer Zeugnisse
über eine Periode höchster
Gefährdung hinweg."

Deutsches Nationalkomitee für Denkmalschutz, 1985

Berlins unbekannte Kulturdenkmäler

Architektur, Gartenkunst und Geschichte
entdecken und erleben

Reiner Elwers

In Zusammenarbeit mit dem
Landesdenkmalamt Berlin

L&H VERLAG

Impressum

Herausgegeben in Zusammenarbeit mit dem Landesdenkmalamt Berlin, Krausenstraße 38-39, D-10117 Berlin-Mitte.

© Copyright by L&H VERLAG GmbH, Baumwall 5, D-20459 Hamburg
Tel. 040 - 36 97 72 45, Fax 040 - 36 97 72 60

Alle Rechte beim L&H VERLAG. Reproduktion, Speicherungen in Datenverarbeitungsanlagen, Wiedergabe auf elektronischen, fotomechanischen, fotografischen oder anderen Wegen über TV, Funk oder als Vortrag – auch auszugsweise – nur mit ausdrücklicher Genehmigung des Verlages.

Texte: Reiner Elwers, Berlin
Idee, Konzeption u. Koordination: Wolfgang Henkel, L&H VERLAG
Redaktionsassistenz: Inken Broocks, L&H VERLAG
Fotos: Wolfgang Bittner (S. 5, 14, 15, 20, 23, 29, 32, 35, 38, 43, 46, 52, 53, 76, 79, 98, 105, 106, 125, 127, 129, 133, 137, 139, 142, 143) und Wolfgang Reuss (S. 17, 25, 26, 30, 49, 50, 55, 58, 61, 64, 66, 67, 69, 71, 82, 85, 87, 88, 91, 95, 101, 108, 111, 114, 117, 120, 135, 145, 146, 148, 151, 154, Titelfoto u. Rücktitel), beide Landesdenkmalamt Berlin; Einzelfotos Franziska Schmidt (S. 96, 134), Schreyer (S. 36), Landesdenkmalamt Berlin.
Litho, Druck, Verarbeitung: Duhme, Hamburg

Die Deutsche Bibliothek – CIP-Einheitsaufnahme
Berlins unbekannte Kulturdenkmäler: Architektur, Gartenkunst und Geschichte... /
(Texte: Reiner Elwers. Hrsg. in Zusammenarbeit mit dem Landesdenkmalamt Berlin). -
Hamburg: L-und-H Ver., 1998
ISBN 3-928119-47-8

Titelfoto: Stadtbad Neukölln
Rücktitel: „Café Achteck", Archenhold-Sternwarte

Mietshaus Ende 19. Jh., denkmalgeschütztes Treppenhaus in der
Spandauer Vorstadt, Sophienstraße 22a

Inhalt

1. Heilig-Geist-Kapelle 16
2. Kinoorgel im Kino Babylon 19
3. Ehem. Staatsratsgebäude der DDR 22
4. Ermelerhaus 25
5. Sitz der Senatsverwaltung 28
6. Krausenhof 31
7. Bethlehemskirche 34
8. Grünzug Luisenstädtischer Kanal 37
9. Friedhof der französisch-reformierten Gemeinde ... .42
10. Scharnhorst-Grabmal 45
11. Westhafen 48
12. Katholische Kirche St.-Augustinus 51
13. Fichtebunker 54
14. Urinalanlage „Café Achteck" 57
15. Renaissance-Theater 60
16. Wolfsschlucht im Viktoriapark 63
17. Geschäftshaus Stiller 67
18. Literaturhaus Fasanenstraße 70
19. Gewandfibel aus einem Britzer Grab 72
20. Kirche Maria Regina Martyrum 75
21. Wohnstadt Carl Legien 78
22. Denkmal des Spanienkämpfers 81
23. Hochhaus an der Weberwiese 84

24	Architektenkammer (Karl-Marx-Buchhandlung)	87
25	Oberbaumbrücke	90
26	Fabrikgebäude der Knorr-Bremse	94
27	Sowjetisches Ehrenmal Schönholzer Heide	97
28	Jüdischer Friedhof Weißensee	100
29	Klinikum Buch	104
30	Park des Schlosses Biesdorf	107
31	Gutspark Mahlsdorf	110
32	Andersonsches Palais am Rathaus Köpenick	113
33	Bölschestraße in Köpenick/Friedrichshagen	116
34	Archenhold-Sternwarte	119
35	Stadtbad Neukölln	122
36	Dorfkirche in Britz	124
37	Rosenkranz-Basilika	126
38	Wohnhaus Gustav Lilienthal	128
39	U-Bahnhof Heidelberger Platz	131
40	S-Bahnhof Mexikoplatz	136
41	Garten der Villa der Wannseekonferenz	138
42	Pleasureground im Schloßpark Klein-Glienicke	141
43	Gartenstadt Staaken	144
44	Haus und Garten Harteneck	147
45	Olympiagelände	150
46	Russischer Friedhof	153

PROLOG

Berlin ist viele Denkmalorte

„Berlin ist viele Städte." Unter diesem Motto suchte Werner Düttmann eine Annäherung an die Stadtidee und Stadtgestalt der deutschen Kapitale. Düttmann selbst, 1921 in Berlin geboren und 1983 gestorben in Berlin, hat als Architekt, Senatsbaudirektor und Präsident der Akademie der Künste an der Nachkriegsidentität dieser Stadt in vielfältiger Weise mitgewirkt. Er hat sie mitgeformt durch seine Entwürfe und Bauten, er hat sie mitdefiniert durch seine Reden und Veröffentlichungen. Das 1976 geprägte und seitdem viel zitierte oder auch strapazierte Wort von Werner Düttmann bot Zeitgenossen nicht zuletzt einen Schlüssel zum Verständnis der gespaltenen Nachkriegsstadt und der sich in den beiden Teilstädten vollziehenden parallelen oder gegenläufigen Entwicklungen. Der Nachkriegsspaltung und der Nachkriegsarchitektur schuldet die städtebauliche Physiognomie Berlins aber bis heute einen Teil ihrer Ungleichzeitigkeit und wohl auch ihrer Unübersichtlichkeit.

Die Vielfalt und Vielgestalt der deutschen Hauptstadt hat freilich tiefere Gründe und eine längere Tradition, als das Nachkriegsschicksal der seit 1990 wieder zusammenwachsenden deutschen Hauptstadt vermuten ließe. Aus konservatorischer Sicht ist Berlin auch viele Denkmalorte. Die mittelalterliche Doppelstadt Berlin-Cölln vereinigte bereits vor über 500 Jahren zwei vergleichsweise autonom angelegte und mit Kommunaleinrichtungen sowie Pfarrkirchen ausgestattete städtische Siedlungskerne. Sie sollten Anfang des 18. Jahrhunderts mit den barocken Neustadtgründungen Friedrichswerder, Dorotheenstadt und Friedrichstadt und den angrenzenden Vorstädten zur königlichen

PROLOG

Residenzstadt Berlin arrondiert werden. Das nach dem Ersten Weltkrieg verabschiedete „Gesetz über die Bildung einer neuen Stadtgemeinde Berlin" faßte außer Alt-Berlin sieben weitere große Städte, 59 Landgemeinden und 27 Gutsbezirke mit knapp vier Millionen Einwohnern auf einer Fläche von fast 900 Quadratkilometern zusammen.

Manche der nach dem Ersten Weltkrieg eingemeindeten Städte und Dörfer besaßen und besitzen freilich ausweislich ihres Denkmalbestands kaum weniger Tradition als die ehemalige Reichshauptstadt des deutschen Kaiserreichs. Archäologische Denkmale, aber auch aus dem Mittelalter überlieferte Stadt- und Dorfkirchen oder Profanbauten legen davon in den Altstädten Spandau und Köpenick oder in historischen Dorflagen auf dem heutigen Stadtgebiet von Berlin beredtes Zeugnis ab. Manchem prominenten Bau- und Gartendenkmal aus der Barockzeit und aus dem Klassizismus bot das vormalige Umland der Residenzstadt eine Art Überlebensnische, in der sie die turbulenten Entwicklungsschübe und die dramatischen Einbrüche, die Berlin in den letzten 200 Jahren überformten, vergleichsweise unbeschadet überdauern konnten. Die Stadtgeschichte und das Stadtschicksal Berlins haben die Jahresringe und Wachstumsschichten der Gesamtentwicklung nicht säuberlich getrennt zurückgelassen. Der Eindruck ist vielmehr uneinheitlich. Das vorliegende Buch kann keine Denkmal-Chronik der laufenden und sich gerade gegenwärtig wieder beschleunigenden Ereignisse und Veränderungen liefern. Es kann bestenfalls exemplarisch einige Schlüsselzeugnisse vorstellen, von denen das Dechiffrieren dieser disparat erfahrenen Denkmalorte ihren Ausgang nehmen könnte.

Die Entwicklungsstadien der Berliner Geschichte haben sich räumlich nicht einfach hintereinander oder nebeneinander im Stadtraum und im Denkmalbestand festgeschrieben. Der barocken

PROLOG

Residenzlandschaft des 18. Jahrhunderts lagerte sich die Großstadt- und Industrielandschaft des 19. und 20. Jahrhunderts an, wenn sie die Vorgängerschicht nicht derart überlagerte und durchsetzte oder sogar ersetzte, daß sie nur noch fragmentarisch oder gebrochen repräsentiert ist. Die mittelalterliche Kapelle des 1272 erstmals urkundlich erwähnten **Heilig-Geist-Hospitals** ging zu Beginn unseres Jahrhunderts unmittelbar im Neubaukomplex der Handelshochschule auf und steht heute auch im harten Kontrast zu den umgebenden Ergebnissen einer sozialistischen Zentrumsplanung. Und das mittelalterliche **Angerdorf von Marzahn** nimmt sich geradezu idyllisch und zugleich irritierend aus zwischen den Plattenbauten des 1979 gegründeten Satellitenstadtbezirks. Selbst dort, wo die Denkmalwelt noch in Ordnung scheint, wie bei dem Altbauensemble um das **Ermelerhaus,** das am Märkischen Ufer der gegenüberliegenden Hochhausbebauung auf der Fischerinsel einen maßstabsbildenden und geschichtsträchtigen Rahmen verleiht, ist die historische Situation kaum weniger dramatisch verfremdet: Prominente Bestandteile des Traditionsensembles vergegenwärtigen gewissermaßen Sanierungs- und Fortschrittsopfer der Berliner Stadtentwicklung, die am Cityrand als Rekonstruktion oder Translokation zu neuem Leben erweckt wurden.

Andere Bau- und Gartenzeugnisse, die erst nach der Reichsgründung entstanden und vergleichsweise jung erscheinen, verweisen häufig genug ebenfalls zurück auf eine ältere Vorgeschichte, die sich ihnen eingeschrieben hat. Die **Oberbaumbrücke** darf überregional als besonders prächtiges Brückenbauwerk des Späthistorismus und als ein hervorragendes Bauzeugnis des modernen Großstadtverkehrs aus der Kaiserzeit gelten. Name, Lage und Ausführung des mittelalterliche Stadttormotive zitierenden Ingenieurbauwerks erinnern freilich zugleich an den Verlauf und die spreeseitige Sicherung der ehemaligen

Zollmauer, die die preußische Residenzstadt seit dem frühen 18. Jahrhundert umgab und ihrer städtebaulichen Entwicklung bis weit ins vorige Jahrhundert eine Weichbildgrenze zog. Das erst in der Zwischenkriegszeit als **Hauptgrünzug der ehemaligen Luisenstadt** entstandene Band von Schmuckanlagen, Senkgärten, Spielplätzen, Erholungsanlagen, Planschbecken und Wasserflächen hat nicht nur frühere Orts- und Straßenbezeichnungen, sondern auch die städtebauliche Funktion als Verbindungselement zwischen den Stadtbezirken Mitte und Kreuzberg aus der Epoche der klassizistischen Stadterweiterungs- und Stadtverschönerungsprojekte übernommen. Das Mitte des 19. Jahrhunderts nach Plänen von Peter Josef Lenné als Wasserweg zwischen Landwehrkanal und Spree ausgebaute Bett des Luisenstädtischen Kanals ist bis heute im Verlauf und in der Absenkung des Grünzugs als denkmaltopographische Struktur erfahrbar geblieben.

Gerade Park- und Gartendenkmalen ist häufig über ihren gartenkünstlerischen Aussagewert hinaus eine kulturlandschaftliche Prägung eigen, die den von Menschenhand verursachten historischen Wandel unserer natürlichen Umwelt bezeugt. Die als **„Wolfschlucht"** angesprochene Partie des **Viktoriaparks** regenerierte im Kaiserreich die ungewöhnliche Geländeformation und den seltenen Pflanzenbestand einer ehemaligen Lehm- und Kiesgrube, die seit dem 18. Jahrhundert Baumaterial geliefert und sich anschließend, gewissermaßen im Dornröschenschlaf, zu einem Naturschauspiel entwickelt hatte, das die Park- und Gartenfreunde der größten Mietskasernenstadt der Welt in Entzücken versetzen sollte: „Die Stadtgemeinde Berlin ist hier durch einen Glückszufall in den Besitz eines der herrlichsten Landschaftsbilder gelangt, welches die Natur langsam, Jahrzehnt für Jahrzehnt, etwa im Zeitraum von 100 bis 120 Jahren hervorgezaubert hat, und das, in und bei Berlin, ohne Zweifel

PROLOG

vielleicht selbst in der ganzen Provinz Brandenburg seines gleichen nicht hat." Halb Kulturdenkmal, halb Naturdenkmal, beflügelte der wiederentdeckte Ort die Phantasie und den Tatendrang der Zeitgenossen vor der Jahrhundertwende derart, daß eine lukrative Villenbebauung des Geländes unterblieb, die tiefe Bodenmulde stattdessen an der Sohle einen künstlichen Teich erhielt und der Viktoriapark eine Erweiterung nach Osten erfuhr. Wer heute die Aussicht auf dem Kreuzberg sucht und den Weg durch die wiederhergerichtete „Wolfsschlucht" nimmt, begegnet mit der wilhelminisch geprägten Interpretation dieses Parkausschnitts zugleich auch einem Verständnis, das die naturräumlichen Gegebenheiten vor allem als Rohstoff und Ressource begriff. Die am heutigen Viktoriapark noch unverbaut erlebbare Abbruchkante der Hochebene des Teltow zum Berlin-Warschauer-Urstromtal diente lange Zeit allenfalls dem Abbau von Kies und Lehm, zeitweilig dem Anbau von Wein und später dem Einbau von Bier- und Lagerkellern, ehe sie als stadtnaher Ausflugs- und Aussichtsort besondere Attraktivität gewann und schließlich als Volkspark Erholungsfunktion für die Großstadtbevölkerung übernahm.

Statistisch gesehen ist das Denkmalprofil von Berlin in der Hauptsache ein Ergebnis der letzten 150 Jahre. Weit mehr als zwei Drittel des eingetragenen Denkmalbestands stammen aus der Zeit nach der Reichsgründung und Hauptstadtwerdung von 1871. Seine Kulturdenkmäler weisen Berlin auch als eine dynamische Großstadt des 19. und 20. Jahrhunderts aus. Die von Reiner Elwers auf Anregung des Landesdenkmalamtes Berlin zusammengestellte und vorgestellte Auswahl der Berliner Denkmaladressen, die zu einem Abstecher abseits der obligatorischen Hauptstadt-Sehenswürdigkeiten einladen, spiegelt schon rein zahlenmäßig das besondere Denkmalprofil einer

PROLOG

modernen Metropole wider. Die Bau- und Gartenbautätigkeit des Kaiserreichs, der Weimarer Republik, aber auch der NS-Zeit und schließlich der divergierenden Nachkriegsentwicklung bilden den Schwerpunkt der Besichtigungsvorschläge, die eine Neuentdeckung oder Wiederentdeckung lohnen. Dabei sollen nicht nur Berlin-Besucherinnen und -Besucher auf ihre Kosten kommen, sondern auch (Wahl-)Berlinerinnen und Berliner Lust auf die Erkundung ihrer großen Stadt bekommen. Manches Kulturdenkmal in der näheren Umgebung mag bislang zu Unrecht der eigenen Aufmerksamkeit entgangen sein, manches Geschichts- und Kunstzeugnis einen Spaziergang oder eine Radtour in die Nachbarbezirke wert sein. Unter den Besichtigungsvorschlägen finden sich auch ungewöhnliche und stellenweise sogar unbequeme Kulturdenkmäler, etwa aus der Industrie- und Arbeitswelt oder der Verkehrs- und Technikgeschichte sowie historische Stätten einer schwierigen politischen Vergangenheit. Die Auswahl mußte aus einer Vielzahl von denkbaren und wünschenswerten Angeboten getroffen werden. Sie hätte im Einzelfall auch mit gutem Grund zugunsten einer anderen Denkmaladresse ausfallen können. Jedenfalls ist sie weder in einem statistischen Sinne repräsentativ noch repräsentiert sie womöglich einen politischen Denkmalkonsens. Aber sie deutet in etwa das Gesamtspektrum und gelegentlich die Ambivalenz der kulturhistorischen Bedeutung an, die der Denkmalbestand von Berlin wie kein anderer in Deutschland vergegenwärtigt.

Jörg Haspel
Landeskonservator und Leiter des
Landesdenkmalamtes Berlin
1998

GOTISCHER KELLER

Kellergeschoß eines Patrizierhauses, das noch am historischen Standort in der Spandauer Altstadt steht: Gotischer Keller,
Carl-Schurz-Straße 49

PISSOIR/BRITZER DAMM

Teilweise erhaltenes Straßenmobiliar aus der Kaiserzeit:
Pissoir um 1890, Britzer Damm 192

Heilig-Geist-Kapelle

Ein sehr altes, vergleichsweise unbekanntes Kulturdenkmal liegt zentral und doch im Verborgenen: Die Heilig-Geist-Kapelle in der Spandauer Straße im Zentrum Berlins geht in der Fülle der sie umgebenden Bauten leicht unter.

Die bewegte Geschichte des Baues reicht bis zum Anfang des 14. Jahrhunderts zurück. Damals entstand als Ergänzung einer Hospitalanlage aus dem 13. Jahrhundert die Heilig-Geist-Kapelle. Sie war ein einschiffiger, langgestreckter Bau mit einem Sockel aus Feldsteinen und einem Mauerwerk aus relativ großen Backsteinen. Die eigentlichen Hospitalbauten lagen räumlich und sozial am Rande der mittelalterlichen Stadt, in diesem Fall auf dem Weg zum Spandauer Tor. Der Hauptschmuck des Bauwerks ist sein zur heutigen Spandauer Straße weisender Backsteingiebel. Über dem Sockelmauerwerk wird die Fassade durch drei hohe, spitzbogige Fenster gegliedert. Der Innenraum ist mit einem gut erhaltenen Sterngewölbe überdeckt, das vermutlich im 15. Jahrhundert entstand. Kunstsinnigen Betrachtern werden die figürlich gestalteten Konsolsteine am Ansatz der Gewölberippen auffallen; sie symbolisieren Heilige und Szenen aus der biblischen Geschichte.

Zu Beginn des 20. Jahrhunderts sollte die Kapelle auf Beschluß des Magistrats abgerissen werden. Zu diesem Zeitpunkt hatte sich das Quartier mit der ehemaligen Börse und dem Sitz der Berliner Kaufleute und Industriellen zu einer Art Finanzzentrum der Hauptstadt entwickelt. Das Hospital war, nachdem es sich fast 600 Jahre an diesem Ort befunden hatte, an den Stadtrand Berlins verlegt worden. An seinem bisherigen Standort war eine Handelshochschule geplant, und die alte Kapelle schien diesem Vorhaben im Weg zu stehen. In einer

HEILIG-GEIST-KAPELLE 1

1 HEILIG-GEIST-KAPELLE

Art Bürgerinitiative erreichten Berliner Geschichts- und Heimatfreunde die Revision des Beschlusses. So bekamen die Architekten die Vorgabe, die Kapelle in den Neubau zu integrieren. Anstatt wie zunächst geplant die Fassaden des Neubaus dem der mittelalterlichen Kapelle anzupassen, entschlossen sie sich dann doch zu der noch heute zu sehenden Lösung, nämlich zu einem Gebäudekomplex, bei dem der Übergang zwischen dem vierstöckigen, verputzten Neubau im Neo-Renaissance-Stil und der einstöckigen Backstein-Kapelle durch einen Eckturm als Gelenk gestaltet ist.

Der im Krieg zerstörte Turm der Handelsschule wurde in den 50er Jahren wieder aufgerichtet. In dieser Form zeigt sich das Gebäudeensemble noch heute. Es mag also ein jeder sich selbst ein Urteil bilden, ob vor 100 Jahren bei der Integration alter Bausubstanz in einen Neubaukomplex geschickter und verantwortungsbewußter verfahren wurde als heute.

Berlin-Mitte, Spandauer Straße 10, Ecke Burgstraße

S-Bahn	Hackescher Markt S3, S5, S7, S75, S9
Tram	Hackescher Markt 1, 2, 3, 4, 5, 13 15, 53
Bus	Spandauer Straße 100, 157, 348

… KINOORGEL IM KINO BABYLON 2

Kinoorgel im Kino Babylon

Das Kino Babylon – 1929 als größtes Uraufführungskino des Berliner Ostens eröffnet – ist heute das einzige erhaltene Großkino der Stummfilmzeit in der Stadt. Als Besonderheit hat sich die imposante Kinoorgel erhalten.

Diese Kinoorgel war noch bis in die 60er Jahre hinein in Betrieb und ist das letzte erhaltene Instrument seiner Art in Berlin, ein absolutes Unikat von nicht schätzbarem Seltenheitswert. In Klang-Volumen und Erhaltungszustand ist die Orgel einzigartig in Deutschland. Es handelt sich um eine Philips-Multiplex-Kinoorgel mit 60 Register-Wipptasten auf zwei Manualen und dem Pedal. Davon sind fünf Registerreihen Zungen mit 96 Tönen und den dazugehörenden Effekten: Harfe, Xylophon, Celeste, Kirchenglocken und Schlagzeug. Als Kinoorgel bietet sie neben der Möglichkeit, die unterschiedlichsten Musikinstrumente zu imitieren, natürlich auch ein breites Spektrum all der Geräusche, wie sie zur stimmungsgerechten Untermalung eines Stummfilms nötig sind. Meeresbrandung etwa wird durch Kies erzeugt, der in einer Holzkiste bewegt wird, Pferdegetrappel mittels kleiner Holzklötze, Gewitter und Donner mit Blechplatten. Aber auch das Geräusch fahrender Eisenbahnzüge, Türknarren, Schüsse, Feuerwehrsirenen, Regen, Sturm und noch vieles andere mehr ist Bestandteil des umfangreichen Repertoires.

Nachdem die Orgel die Zeiten des Tonfilms und den Zweiten Weltkrieg, in dem das Babylon-Kino nur leicht beschädigt wurde, überstanden hatte, konnte das Instrument 1964 wegen eines Gebläseschadens nicht mehr gespielt werden und fristete ein stummes Dasein in der Seitenbühne des Kinos. Zu neuem

2 KINOORGEL IM KINO BABYLON

LICHTSPIELKUNST IN SEGEBERG

Mai 2006

Do 4. bis Mi 10. Mai tägl. 17.30 Uhr, Mi auch 20 Uhr

Havanna Blues
Komödie, Musikfilm

Regie: Benito Zambrano
mit Alberto Yoel (Ruy), Roberto
Sanmartín (Tito), Yailene Sierra
(Caridad), Zenia Marabal (Luz
María), Marta Cavlo (Marta),
Roger Pera (Lorenzo)
*Spanien/Kuba/Frankreich
2005, ab 12, 110 min.*

Zwei Freunde in Havanna träumen von einer Karriere mit ihrer Pop-Band und wittern ihre Chance, als spanische Musikproduzenten nach unverbrauchten Talenten suchen. Einer von ihnen setzt dabei die Beziehung zur Mutter seiner Kinder aufs Spiel, wodurch er seine Zukunftspläne überdenken und eine moralische Entscheidung fällen muss. Die melancholische Komödie lebt von der Präsenz und dem »Drive« der Musik, einem Gemisch aus verschiedenen Rhythmen, Einflüssen, Traditionen und Pop-Elementen. Dabei vermittelt sie ein eindringliches Bild vom alltäglichen Leben auf Kuba fern aller Postkartenidylle. (film-dienst, 7/2006)

Do 11. bis Mi 17. Mai tägl. 17.30 Uhr, Mi auch 20 Uhr

Capote
Regie: Bennett Miller mit Philip Seymour Hoffman (Truman Capote), Catherine Keener (Harper Lee), Clifton Collins jr. (Perry Smith), Chris Cooper (Alvin Dewey), Bob Balaban (William Shawn), Bruce Greenwood (Jack Dunphy), Amy Ryan (Marie Dewey), Mark Pellegrino (Richard Hickock), Allie Mickelson (Laura Kinney), Adam Kimmel (Richard Avedon) *USA 2004, ab 12, 114 min.*

Leben und Karriere des amerikanischen Erfolgsautors Truman Capote, fokussiert auf die sechsjährige Arbeit an seinem dokumentarischen Roman »Kaltblütig«. Die in der Titelrolle brillant gespielte Filmbiografie beleuchtet auch die Schattenseiten ihrer Hauptperson, ohne sich von ihr abzuwenden. Dabei porträtiert die elegante Inszenierung mit Hang zu Melodramatik ihre Hauptperson als gesellschaftlichen Außenseiter, der das scheinbare Stigma der Auserwähltheit durch sein affektiertes Auftreten zu überdecken versucht. (film-dienst, 5/2006)

Mitglied werden lohnt sich!

*Vereinsmitglieder bekommen ermäßigten Eintritt in die Filme der LINSE.
Informationen im Kino oder www.lichtspielkunst-segeberg.de*

Do 18. bis Mi 24. Mai tägl. 17.30 Uhr, Mi auch 20 Uhr

Die Wolke
Jugendfilm, Drama, Literaturverfilmung

Regie: Gregor Schnitzler mit Paula Kalenberg (Hannah), Franz Dinda (Elmar), Hans Laurin Beyerling (Uli), Carina Wiese (Paula), Karl Kranzkowski (Dr. Salamander), Richy Müller (Albert Koch), Thomas Wlaschiha (Hannes), Gabriela Maria Schmeide (Tante Helga), Jenny Ulrich (Meike), Ulrike Arnold (Röschen), Claire Oelkers (Ayshe) *Deutschland 2006, ab 12, 102 min.*

Prädikat: besonders wertvoll

Nach einem Störfall in einem nahe Frankfurt gelegenen Kernkraftwerk tritt eine radioaktive Wolke aus. Eine 16-jährige Schülerin verliert bei der Katastrophe Mutter und Bruder, wird selbst kontaminiert und in eine Hamburger Spezialklinik gebracht, wo ihr allein die Liebe zu einem Mitschüler Lebenskraft und Hoffnung gibt. Verfilmung des gleichnamigen Jugendromans von Gudrun Pausewang als Mischung aus beklemmendem Katastrophen-Szenario und Teenager-Romanze, der trotz inszenatorischer Schwächen ein schwieriger Spagat gelingt. In der Hauptrolle sensibel gespielt, konfrontiert der Film sein jugendliches Zielpublikum nicht nur mit ausgrenzendem Verhalten, sondern vor allem auch mit Fragen nach Schuld und Verantwortung. (film-dienst, 6/2006)

Do 25. bis Mi 31. Mai tägl. 17.30 Uhr, Mi auch 20 Uhr

Good Night, and Good Luck

Regie: George Clooney
mit David Strathairn (Edward R. Murrow), Robert Downey jr. (Joe Wershba), Patricia Clarkson (Shirley Wershba), Ray Wise (Don Hollenbeck), Frank Langella (William Paley), Jeff Daniels (Sig Mickelson), George Clooney (Fred Friendly)
USA 2005, 93 min.

Film des Monats der evangelischen Filmjury

USA 1953: Der CBS-Nachrichtenmoderator Edward R. Murrow prangert in seiner Sendung »See it Now« die Praktiken des US-Senators Joseph McCarthy an, der paranoiahafte Angst vor kommunistischer Unterwanderung schürt. Der engagierte Film legt nahe, dass der Kommunistenjäger durch das Engagement des Fernsehmannes, der bei seinem Sender in die Schusslinie geriet, zu Fall kam. Hervorragend gespielt, stimmungsvoll fotografiert und inszeniert, bricht er eine Lanze für einen verantwortungsvollen Fernsehjournalismus, wobei auch die Funktion der Medien als Instrumente der Manipulation thematisiert wird. (film-dienst, 7/2006)

Abspann

LINSE – Lichtspielkunst in Segeberg
www.lichtspielkunst-segeberg.de

Alle Filme laufen im *CinePlanet 5* Bad Segeberg
Oldesloer Straße 34, Tel 04551-7100
Ermäßigter Eintritt für Vereinsmitglieder mit Ausweis.

Manchmal kommt es kurzfristig zu Programmänderungen.
Bitte beachten Sie die Website des Vereins,
die Tagespresse oder rufen sie im Kino an.

KINOORGEL IM KINO BABYLON

Leben und neuem Klang verhalf ihr nach der Wende die mit Mitteln des Landesdenkmalamtes und privater Unterstützung durchgeführte Renovierung.

Die Kinoorgel ist nicht nur für die interessierte Fachwelt erhalten worden, sondern sie wird jetzt wieder im Filmkunsthaus Babylon, wie das Kino heute heißt, zur musikalischen Begleitung von Stummfilmen eingesetzt.

Das Kino wird geführt vom
Verein Berliner Filmkunsthaus Babylon e.V.,
Tel. 242 50 76

Berlin-Mitte, Rosa-Luxemburg-Straße 30

U-Bahn	Rosa-Luxemburg-Platz U2
Tram	Rosa-Luxemburg-Platz 1, 2, 3, 4, 5, 6, 8, 15
Bus	Rosa-Luxemburg-Platz 340

Ehem. Staatsratsgebäude der DDR

Ein Erinnerungsstück an die jüngste deutsche Geschichte stellt das Staatsratsgebäude am heutigen Schloßplatz dar, korrekt ausgedrückt ist es das ehemalige Staatsratsgebäude der DDR, denn einen Staatsrat und den dazugehörigen Staat gibt es ja nicht mehr.

Für den Staatsrat der DDR 1962 bis 1964 errichtet, erhielt hier später auch Erich Honecker seinen Dienstsitz.

In die zurückhaltend und mit Sandstein und rotem Granit flächig gestaltete Hauptfront des Gebäudes ist das Portal IV vom Lustgartenflügel des abgerissenen Stadtschlosses integriert. Dieses Portal, ein Kleinod barocker Baukunst, stammt aber nicht, wie oft behauptet wird, von Andreas Schlüter, sondern wurde 1710 von Johann Friedrich Eosander von Göthe geschaffen. Die Säulen mit den Atlanten sind ein Werk des bekannten Dresdner Bildhauers Balthasar Permoser und stellen die Jahreszeiten Herbst und Winter dar.

Manch ein Besucher mag sich fragen, warum ausgerechnet dieses Portal des Schlosses gerettet wurde. Die Antwort: Vom Balkon des Portals soll Karl Liebknecht am 9. November 1918 die freie sozialistische Republik ausgerufen haben. Damit war das Portal nicht mehr nur Rest eines feudalen Bauwerkes, sondern konnte zugleich zum Traditionsbestand der Arbeiterbewegung erklärt werden.

Von den künstlerischen Arbeiten im Gebäudeinneren fallen die monumentalen Glasmalereien im Treppenhaus mit Darstellungen aus der Geschichte der Arbeiterbewegung und ein 45 Meter langer Fries aus bemalten Meißner Porzellanplatten ins Auge.

EHEM. STAATSRATSGEBÄUDE DER DDR | 3

3 EHEM. STAATSRATSGEBÄUDE DER DDR

Heute sind im Staatsratsgebäude eine Ausstellung zur Hauptstadtplanung und der Sitz des Umzugsbeauftragten der Bundesregierung untergebracht. Wenn die Hauptstadtpläne für Parlament und Regierung Realität geworden sind, soll das denkmalgeschützte Gebäude dem Bundesbauministerium übergeben werden.

Ausstellung täglich von 10.00 bis 18.00 Uhr
geöffnet, Eintritt frei

Berlin-Mitte, Schloßplatz

U-Bahn	Französische Straße
	U6
	Hausvogtei-Platz
	U2
S-Bahn	Hackescher Markt
	S3, S5, S7, S75, S9
Bus	Schloßplatz/ Breite Straße
	147, 257
	Lustgarten
	100, 157, 348

Ermelerhaus

Die Straße Märkisches Ufer verläuft am Südufer der Spree gegenüber den Wohnhochhäusern der Fischerinsel. Ende der 60er Jahre erstand hier ein Stück Alt-Berlin, ein Ensemble von acht Gebäuden aus dem 18. und 19. Jahrhundert.

Die interessanteste Vergangenheit von allen diesen Häusern kann sicher das Ermelerhaus aufweisen. Ursprünglich stand es nicht an seinem jetzigen Ort, sondern in der Breiten Straße, etwa dort, wo heute die Plattenbauten des Bauministeriums der DDR stehen. Der frühere Besitzer Peter Friedrich Damm hatte das Haus 1760 erworben. Damm, als Hoflieferant für Goldstickereien zu Geld gekommen, orientierte sich im 18. Jahrhundert am Lebensstil seiner adligen Kundschaft und ließ sein Haus – wenige Schritte vom Berliner Stadtschloß entfernt – künstlerisch so kostbar ausstatten, daß es einem Palais des preußischen Hochadels glich. Gemälde an den Decken und den Wänden, Putten, Reliefs und kunstvoll geschmiedete Treppengeländer zierten das Bürgerhaus.

Das Ensemble am Märkischen Ufer mit dem Ermelerhaus, 2. v. r.

4 ERMELERHAUS

ERMELERHAUS   4

Dieses Haus kaufte 1804 der Tabakfabrikant Johann Heinrich Neumann, der an der frühklassizistischen Fassade einen Fries mit Darstellungen aus der Geschichte des Tabakgewerbes anbringen ließ. Wilhelm Ermeler schließlich, ebenfalls Tabakfabrikant, ist es zu verdanken, daß das Haus erhalten blieb. Er kaufte es 1824 und machte es mit seinen berühmten Mittwochabend-Veranstaltungen zu einem geistig-kulturellen Zentrum des bürgerlichen Gesellschaftslebens.

Das Ermelerhaus, wie es nun hieß, ging 1914 in den Besitz der Stadt über, die hier in den 30er Jahren eine Außenstelle des Märkischen Museums einrichtete. Den Zweiten Weltkrieg überstand der Bau, wenn auch stark beschädigt. Im Jahre 1966 war es der sozialistischen Neugestaltung des historischen Zentrums von Berlin im Wege, und man begann mit der Umsetzung des Ermelerhauses ans Märkische Ufer. Seit 1969 steht es an seinem heutigen Platz und fügt sich harmonisch in das neu-alte Gebäudeensemble ein. Zwar handelt es sich bei der Fassade um eine detailgetreue Kopie des Originals, doch wurde der Großteil der historischen Innenausstattung wieder ausgepackt und eingebaut. Heute lädt ein Café und Restaurant in die restaurierten Prachträume des 18. und 19. Jahrhunderts ein.

Bezirk-Mitte, Märkisches Ufer 10-12
Ermelerhaus Restaurant Tel. 240 62 - 0

U-Bahn	Märkisches Museum
	U2
	Jannowitzbrücke
	U8
S-Bahn	Jannowitzbrücke
	S3, S5, S7, S75, S9

Sitz der Senatsverwaltung für Stadtentwicklung, Umweltschutz und Technologie

Die Senatsverwaltung für Stadtentwicklung, Umweltschutz und Technologie hat ihren Sitz in einem Bau, der als Inkarnation der Berliner Architektur der Jahrhundertwende angesehen wird, dem Gebäude der ehemaligen Landesversicherungsanstalt, Am Köllnischen Park 3, gegenüber dem Märkischen Museum.

Der Bau wurde 1903 bis 1904 von Alfred Messel, dem wohl wichtigsten Architekten der frühen Berliner Moderne, errichtet. Trotz der Verwendung historischer Bauformen ist das Bürogebäude ein modernes Bauwerk. In der Art der Verwendung dieser Bauformen drückt sich die Modernität der Fassade aus; so gibt es keine – wie damals noch üblich – horizontalen, die einzelnen Stockwerke markierenden Gesimse. Vielmehr reichen die Pilaster ohne eine optische Brechung über die gesamte Höhe der Fassade, wodurch die Fenster wie zwischen die Pilaster eingehängt wirken. Auch stehen die Fronten des Hofes im architektonischen Aufwand der Straßenfassade kaum nach.

Noch heute weist eine Inschrift über dem ehemaligen, mittlerweile zugemauerten Eingang der Direktorenwohnung auf den Zweck des Hauses hin: „Alle für einen – Einer für alle." Ein Relief versinnbildlicht den Spruch: Junge, kräftige Menschen stützen Alte und Kranke. Schließlich war die Landesversicherungs-

SITZ DER SENATSVERWALTUNG 5

SITZ DER SENATSVERWALTUNG

anstalt Berlin, die 1907 hier einzog, eine Invaliditäts- und Altersversicherung. Entsprechend dem Bedürfnis der Versicherung wurden vorwiegend Großraumbüros eingerichtet, in denen bis zu hundert Frauen an den damals neumodischen Schreibmaschinen saßen.

In den Jahren 1995/96 wurde das Haus umfassend saniert und dient seitdem als Dienstgebäude der auch für den Denkmalschutz zuständigen Senatsverwaltung.

Umfassend saniertes Treppenhaus

Berlin-Mitte, Am Köllnischen Park 3

U-Bahn   Heinrich-Heine-Straße
          U8

S-Bahn   Jannowitzbrücke
          S3, S5, S7, S75, S9

Krausenhof

Von der nördlichen Friedrichstadt, einst pulsierendes Geschäfts- und Presseviertel Berlins, ist heute fast nichts übriggeblieben. Der 1911 errichtete Krausenhof aber überstand als das letzte Zeugnis eines typischen Geschäftshauses am ehemaligen Dönhoffplatz die Wirren der deutschen Geschichte.

Am Krausenhof lassen sich Struktur, Nutzung und Proportionen der aus der Kaiserzeit stammenden Bebauung der Friedrichstadt noch ablesen. Das als Eisenskelettbau errichtete Gebäude besteht aus zwei Vorderhäusern, die mit ihren gleichartig gestalteten Fassaden auf die Krausenstraße und die Schützenstraße ausgerichtet sind, einem Quergebäude und vier verbindenden Seitenflügeln. Die leichten Unregelmäßigkeiten im Grundriß rühren daher, daß der Bau auf einem Grundstück gebaut wurde, das durch die Zusammenlegung von fünf Parzellen entstanden war.

Dem architekturinteressierten Betrachter fällt die zweistöckige Bogenstellung des Sockels auf. Ein Motiv, das bereits Jahrzehnte vor dem Bau des Krausenhofes in der Berliner Geschäftshausarchitektur eingesetzt wurde. Es sollte, abgeleitet von den für Märkte und Geschäfte genutzten Berliner Kolonnaden der Barockzeit, Solidität und Traditionsbewußtsein ausdrücken. Die Architekten Dernburg und Bohm griffen zwar auch bei der übrigen Fassadengestaltung auf die Tradition zurück, wollten aber – wie 1911 bereits üblich – die klare innere Struktur ihres Baues zum Ausdruck bringen und setzten Schmuckmotive nur sparsam ein.

Von Anfang an konzipierten die Architekten und die Bauherren den Krausenhof so, daß er sich für eine Vielzahl unterschiedlicher Nutzungen eignete. Der Grundriß war variabel, und

6 KRAUSENHOF

KRAUSENHOF 6

auf den 2 000 qm großen Etagen konnten die Räume für den jeweiligen Bedarf ein- und abgeteilt werden. Das sollte sich als entscheidend für die verschiedenartige Nutzung durch die unterschiedlichsten Mieter erweisen; Mieter, die wiederum ein Panorama deutscher Geschichte darstellen. Zunächst noch recht profan als Fabrikations- und Geschäftshaus für verschiedene Textilbetriebe dienend, wurde der Krausenhof 1919 in ein Lazarett umgewandelt. In den 20er Jahren zogen nach und nach diverse Firmen des deutsch-nationalen Pressezaren Alfred Hugenberg ein. Das benachbarte Zeitungsviertel breitete sich aus. 1927 übernahm Hugenberg, der inzwischen den größten Medienkonzern der Weimarer Republik aufgebaut hatte, die Ufa. Der Krausenhof – mittlerweile im Besitz des Hugenbergschen Scherl-Verlages – wurde Sitz der Ufa-Hauptverwaltung. Sie blieb bis zu ihrer Liquidierung 1945 an diesem Standort.

Im Jahre 1952 bezog die Landwirtschaftsakademie der DDR den Krausenhof. Zuvor war das bei Ende des Krieges nur beschädigte – eine Brandbombe hatte das Dach zerstört – Gebäude durchgreifend saniert worden. Es erhielt ein gestutztes Dach und eine Innenausstattung im traditionalistischen Dekorationsstil der frühen DDR. Seit 1996 ist der Krausenhof Dienstsitz des Landesdenkmalamtes Berlin.

Berlin-Mitte, in der (ehemaligen) Friedrichstadt,
Krausenstraße 38-39

U-Bahn   Stadtmitte
              U2, U6
              Spittelmarkt
              U2

Bethlehemskirche

Touristen, die auf der Suche nach den Mauerspuren sind, fällt an der Ecke von Mauerstraße und Krausenstraße ein ungewöhnliches Muster in der dort frisch gepflasterten Fläche auf. Es soll an die Bethlehemskirche erinnern, die einst an diesem Ort stand.

Bei dem Muster handelt es sich um die präzise Wiedergabe des Grundrisses dieser Kirche. Die Bethlehemskirche war die erste böhmische Kirche Berlins. Sie diente den aus Böhmen vertriebenen Hussiten, die sich in der südlichen Friedrichstadt angesiedelt hatten, als religiöses Zentrum und als steinerner Ausdruck ihrer Präsenz in Preußen. Am 12. Mai 1737 wurde der Bau geweiht und erhielt zum Gedenken an die Kapelle von Jan Hus, dem Begründer der „Böhmischen Brüder" in Prag, den Namen Bethlehemskirche. Die Glocken waren ein Geschenk des Königs Friedrich Wilhelm I., der sich im Zuge seiner preußischen Toleranzpolitik für die religiös Verfolgten einsetzte.

Der prächtige barocke Zentralbau hatte einen kreisförmigen Grundriß von 17 Metern Durchmesser. Von drei Seiten führten Eingänge in den Zentralbau; die vierte Seite war halbkreisförmig als Altarnische gestaltet. Die Kuppel des Rundbaus bestand aus einer aufwendigen Holzkonstruktion, außer den Dachziegeln wurde kein einziger Ziegel zu ihrem Bau verwendet. Kein Wunder also, wenn in den Kirchenchroniken nicht nur der Baumeister Dieterichs, von dem der Entwurf der Bethlehemskirche stammt, und der Maurermeister Neumann, dem die Gemeinde die Bauausführung übertrug, sondern auch der verantwortliche Zimmermeister Büring lobend Erwähnung finden.

Im Jahre 1945 wurde die Kirche von Bomben getroffen und brannte vollständig aus. Die Ruine wurde 1963 von den DDR-

BETHLEHEMSKIRCHE 7

7 BETHLEHEMSKIRCHE

Behörden abgerissen. Auf der freigewordenen Fläche legte man einen Parkplatz an.

Heute ist der Platz in der Nähe des ehemaligen Checkpoint Charly als repräsentative Freifläche wiederhergestellt und lädt zum Bummeln und Verweilen ein – und zum Erinnern an ein nur noch als Bodendenkmal existierendes und im Grundriß abgebildetes Zeugnis gemeinsamer deutsch-böhmischer Geschichte (falls denn die lange geplante Informationstafel aufgestellt werden sollte). Bis dahin werden nur Eingeweihte, unsere Leser, mit dem dekorativen Pflastermuster etwas anzufangen wissen.

Die Bethlehemskirche in einer Aufnahme von 1938

Berlin-Mitte, Mauer-/ Ecke Krausenstraße

U-Bahn	Stadtmitte
	U2, U6
Bus	U Stadtmitte/ Leipziger Straße
	142

Grünzug Luisenstädtischer Kanal

Heute gibt es ihn nicht mehr, den Luisenstädtischen Kanal. Aber wer in dem wiederentstehenden Grünzug dieses Namens spazierengeht, der kann sich mit etwas Phantasie ausmalen, daß er sich in einem ehemaligen Kanalbett befindet. In den Jahren 1845 bis 1850 wurde der von Peter Josef Lenné entworfene Kanal gebaut und verband den – ebenfalls auf Lenné zurückgehenden – Landwehrkanal vom Urbanhafen aus mit der Oberspree. 5 000 Arbeiter schaufelten damals im Rahmen eines Arbeitsbeschaffungsprogramms den Wasserweg.

Geschichte schrieb die Baustelle am 13. Oktober 1848, als die Arbeiter eine Dampfmaschine zerstörten, die das Grundwasser im künftigen Kanalbett absaugen sollte. Sie glaubten, mit dem Einsatz der Dampfmaschine ihre Arbeit zu verlieren. Der Vorfall weitete sich zu einem Aufruhr aus. Am Engelbecken, einem künftigen Hafenbecken, kam es zu blutigen Zusammenstößen zwischen Arbeitern und Bürgerwehr. Drei Arbeiter wurden erschossen. Die Folge waren Barrikadenkämpfe im ganzen Viertel, bei denen weitere acht Arbeiter und ein Bürgerwehrmann umkamen. Die Arbeiter verloren den Kampf, keine einzige ihrer Forderungen – Freilassung der bei den Kämpfen Verhafteten, feierliche Bestattung der Opfer, Versorgung der Hinterbliebenen – wurde erfüllt.

Seine Bedeutung als Transportweg verlor der heißumkämpfte Kanal aber schon vor der Jahrhundertwende im Zuge der fortschreitenden Stadtentwicklung. Da außerdem der Wasseraustausch nicht den hygienischen Anforderungen genügte, beschloß die Stadt Berlin 1926, den Kanal zuzuschütten. Ironischerweise ebenfalls als Arbeitsbeschaffungsmaßnahme, damals Notstandsarbeiten genannt.

8 GRÜNZUG LUISENSTÄDTISCHER KANAL

GRÜNZUG LUISENSTÄDTISCHER KANAL — 8

Die Zuschüttung mit dem Aushub, der beim Bau der U-Bahn anfiel, wurde an die Auflage geknüpft, anstelle des Kanals eine Grünanlage zu schaffen. Schließlich zählte die Luisenstadt inzwischen zu den dichtestbesiedelten Stadtteilen. Der damalige Gartendirektor Erwin Barth konzipierte einen Grünzug, der durch die Straßendämme in unterschiedliche Abschnitte geteilt war. Die einzelnen Abschnitte sollten individuell gestaltet werden, ohne daß dabei die sich aus dem ehemaligen Kanalverlauf ergebende Linearität der Gesamtanlage aufgelöst wurde. Barth wählte Wasser als wiederkehrendes Leitmotiv, das in vielen Spielarten auftauchte: als Quelle, als Bachlauf und Teich. Auch ein Plansch- und ein Badebecken legte man an. Die größte Wasserfläche bildete das Engelbecken vor dem Michaelkirchplatz, das – mit Fontänen und Beleuchtung ausgestattet – einen besonders repräsentativen Charakter hatte.

Die Errichtung der Grenzanlagen mit dem Bau der Berliner Mauer zerstörte die Anlage weitgehend, vieles verschwand unter Erd- und Schuttmassen. Heute aber ist sie schon in Teilen wieder auferstanden. Bis zur Jahrtausendwende sollten die Arbeiten für eine komplette Wiederherstellung des Grünzuges eigentlich abgeschlossen sein, damit zwischen Mitte und Kreuzberg wieder zusammenwächst, was topografisch seit Generationen zusammengehört. Wegen der leeren öffentlichen Kassen muß das Projekt jedoch wohl gestreckt werden, so daß das besondere Highlight, das prächtige Engelbecken, womöglich bis zum Jahre 2 000 über die Planungsphase nicht hinausgelangt. Noch haben die Denkmalpflege- und Grünplaner die Hoffnung auf einen warmen Finanzregen nicht aufgegeben. Sie arbeiten daran, daß der Park im nächsten Jahrtausend doch noch vollendet und dann wieder im Stile der Barthschen Konzepte grünen, blühen und sprudeln wird.

8 GRÜNZUG LUISENSTÄDTISCHER KANAL

Hier wächst, was topografisch seit Generationen zusammengehört: Der komplette Grünzug Luisenstädtischer Kanal

Kreuzberg und Berlin-Mitte

U-Bahn	Moritzplatz
	U8
	Kottbusser Tor
	U1, U15, U8
Bus	Bethaniendamm
	140, 147, 265

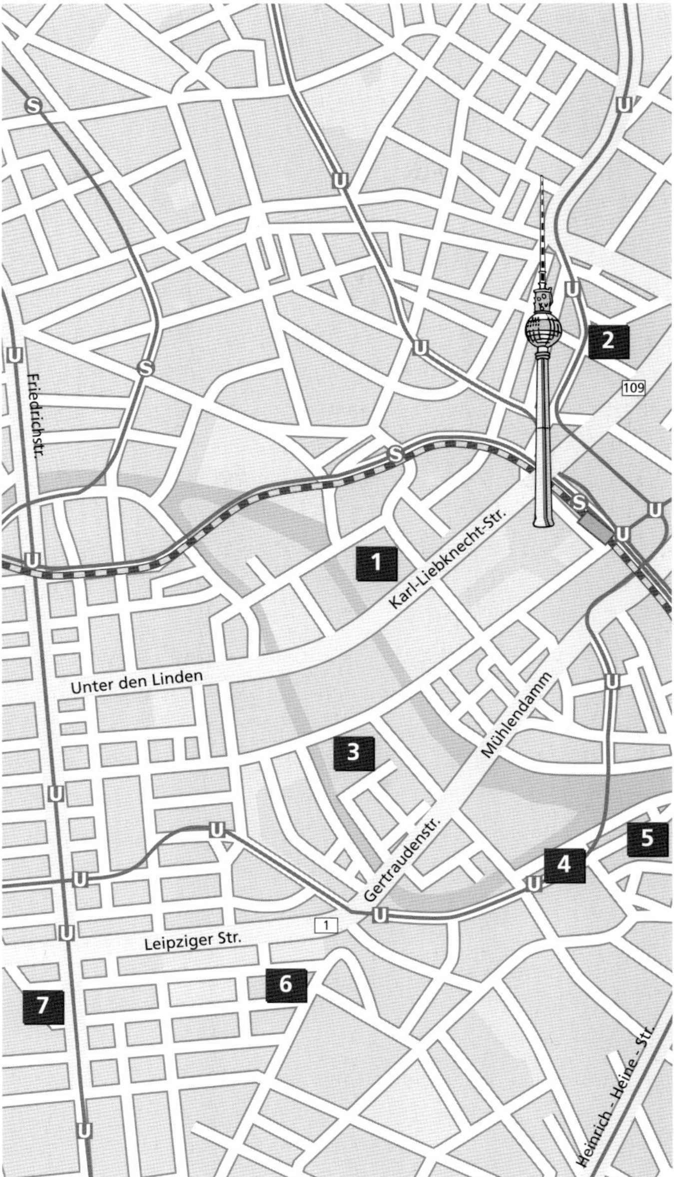
Friedrichstr.
Karl-Liebknecht-Str.
109
Unter den Linden
Mühlendamm
Gertraudenstr.
1
Leipziger Str.
Heinrich - Heine - Str.
1
2
3
4
5
6
7

Friedhof der französisch-reformierten Gemeinde

Die Chausseestraße gilt als Mekka der „Gräber-Touristen", und der Dorotheenstädtische Friedhof ist über die Stadt hinaus berühmt. Weniger gut besucht ist der vor dem Areal des Dorotheenstädtischen Friedhofs gelegene Friedhof der französisch-reformierten Gemeinde. Die Besucher des Bertolt-Brecht-Hauses (Chausseestraße 125) und selbst die meisten Pilger auf dem Weg zu den Gräbern von Brecht, Becher und Borsig lassen den „Hugenottenfriedhof", wie er auch genannt wird, wortwörtlich links liegen.

Dennoch sei dem nur 0,7 ha großen Friedhof, der sich durch eine übermannshohe Ziegelmauer gegen die Chausseestraße und ihren Lärm abschirmt, etwas Aufmerksamkeit gewidmet. Die französisch-reformierte Gemeinde legte diesen Bestattungsplatz 1780 an, nachdem ihr vorheriger Friedhof den Stadtplanungen Friedrich Wilhelm I. und Friedrich II. weichen mußte. Das leicht ansteigende Areal ist heute zur Linken flankiert von den Wänden jener Häuser, die auf dem ehemaligen katholischen Friedhof errichtet wurden. Natursteinmauern bilden die rechte und die hintere Grenze zum Dorotheenstädtischen Friedhof. Ein breiter Mittelweg teilt die ohnehin recht übersichtliche Anlage in zwei gleichgroße Hälften.

Sowohl was die Schönheit und Denkmalwürdigkeit der Grabmale als auch was die Prominenz der hier Bestatteten angeht, braucht sich der Hugenottenfriedhof nicht hinter dem Dorotheenstädtischen zu verstecken. Es seien genannt: der Kupferstecher

FRIEDHOF DER FRANZÖSISCH-REFORMIERTEN GEMEINDE 9

9 FRIEDHOF DER FRANZÖSISCH-REFORMIERTEN GEMEINDE

und Illustrator Daniel Chodowiecki (gest. 1801), der Schauspieler Ludwig Devrient (gest. 1832), der Erzieher Friedrich Wilhelm IV. – und seit 1832 Außenminister – Friedrich Ancillon (gest. 1837). Sein Grabmal stammt von Karl Friedrich Schinkel. Aus jüngerer Zeit ist das Grab des in der DDR enorm populären Schauspielers und Bühnenkomikers Rolf Harrich, der 1981 hier seine letzte Ruhe fand, zu sehen.

Das sicher prächtigste Grabmal aber ist das von Friedrich August Stüler gestaltete Monument für den Kunstsammler Peter Louis Ravené. Sein Verdienst bestand vor allem darin, daß er das kleine Eisenwarengeschäft seines Vaters zu einem großen Handels- und Industrieunternehmen ausbaute.

Berlin-Mitte, Chausseestraße 127

U-Bahn	Oranienburger Tor U6
Tram	U Oranienburger Tor 1, 13, 50
Bus	U Oranienburger Tor 157, 340 Tieckstraße 157 Philippstraße 340

Scharnhorst-Grabmal auf dem Invalidenfriedhof

Im Traditionsverständnis der DDR wurde dem Heerführer und Reformer General Gerhard Johann David von Scharnhorst eine positive Rolle zuerkannt. Diesem Traditionsverständnis ist es geschuldet, daß sein Grabmal auf dem Invalidenfriedhof heute noch besichtigt werden kann. Ein erheblicher Teil des Friedhofes im Berliner Bezirk Mitte aber war seinerzeit für die Anlagen der Grenzsicherung geopfert worden. Nach dem Bau der Mauer nämlich gehörten große Bereiche des geschichtsträchtigen Invalidenfriedhofs zum Grenzgebiet und wurden eingeebnet.

Im Jahre 1748 als Begräbnisort des von Friedrich II. gegründeten Invalidenhauses angelegt, fanden hier viele bedeutende Militärs ihre letzte Ruhestätte, obgleich die Anlage von Beginn an ein gemeinsamer Friedhof für Soldaten und Zivilisten war. Als besonderer Ehrenplatz für hochrangige Offiziere, insbesondere bedeutende Persönlichkeiten der Befreiungskriege gegen Napoleon, war das Feld C reserviert. Neben Scharnhorst wurden an diesem Platz auch die Generäle von Boyen und von Witzleben bestattet.

In den Kämpfen des Jahres 1945 wurde der Friedhof zwar in Mitleidenschaft gezogen, blieb aber im wesentlichen erhalten, so daß noch zahlreiche Kriegstote in Massengräbern beigesetzt werden konnten. Auf Beschluß der Alliierten entfernten die Behörden des sowjetischen Sektors nach dem Krieg die meisten der Grabmale aus der Zeit zwischen 1914 bis 1945. Im Jahre 1952 wurde der Invalidenfriedhof offiziell geschlossen. Gleich nach der Wende und dem Mauerfall stellten noch zu Zeiten der

10 SCHARNHORST-GRABMAL

SCHARNHORST-GRABMAL 10

untergehenden DDR Ostberliner Denkmalforscher erste Untersuchungen auf dem für sie jahrzehntelang unzugänglichen Areal an. Seit 1990 steht der Friedhof in seiner Gesamtheit unter Denkmalschutz. Von den ehemals 3 000 Grabstätten sind heute nur noch etwa 230 in sehr unterschiedlichem Zustand erhalten.

Das Scharnhorst-Grabmal, das 1826 bis 1834 nach einem Entwurf von Karl Friedrich Schinkel geschaffen wurde, zeigt sich nach sorgfältiger Restaurierung in alter Pracht. Scharnhorst war schon 1813 im Alter von 57 Jahren in Prag gestorben und 1826 nach Berlin überführt worden. Das Monument besteht aus einem weißen Marmorsarkophag, an dessen Seiten wesentliche Momente aus dem Leben des Generals auf Reliefs dargestellt sind. Eine Besonderheit ist, daß dieser Sarkophag auf zwei Säulen in etwa vier Meter Höhe ruht. Ein schlafender bronzener Löwe liegt auf dem Deckstein des Sarkophages. Er wurde – so wird gesagt – aus dem Metall erbeuteter Kanonen gegossen.

Berlin Mitte, Invalidenfriedhof, Scharnhorststraße
Der Friedhof ist vom 1.4. bis 30.9. von 7.00 bis 9.00 und vom 1.10. bis 31.3. von 8.00 bis 16.00 Uhr geöffnet.

U-Bahn	Zinnowitzer Straße
	U6
S-Bahn	Lehrter Stadtbahnhof
	S3, S5, S7, S75, S9
Tram	U Zinnowitzer Straße
	6, 8, 13, 50
Bus	Scharnhorststraße
	157

Westhafen

Wer heute von der Seestraße auf die Stadtautobahn fährt, erblickt zu seiner Linken in einer Senke eine Gruppe imposant aufragender Bauten. Es sind die Lagerhallen, Speicher und Silobauten des Westhafens, einst einer der größten Binnenhäfen Europas.

Der Westhafen, eine Anlage aus drei Becken und zahlreichen Lager- und Verwaltungsbauten, geht auf das Jahr 1895 zurück, als die Kaufleute der Stadt den Magistrat aufforderten, zwei getrennte große Hafenanlagen im Osten und im Westen Berlins anzulegen. Damals hatte die Schiffahrt einen beträchtlichen Anteil am Warenumschlag. Zum Be- und Entladen der Schiffe wurden die zahlreichen Ladestraßen an den Ufern der Spree und der Kanäle benutzt; Kräne und überdachte Speicherplätze gab es kaum, auch nicht am schon 1859 angelegten Humboldthafen im heutigen Bezirk Mitte.

Während der Osthafen an der Oberspree in Friedrichshain bereits 1913 eröffnet wurde, konnte mit dem Bau des Westhafens erst 1914 begonnen werden, nachdem die Stadt dem nach Spandau umgezogenen Johannisstift das Gelände in Moabit abgekauft hatte. Der Entwurf und die Oberleitung lagen wie beim Osthafen in den Händen des Stadtbaurates Friedrich Krause. Für den Entwurf der Gebäudefassaden aber wurde eigens der renommierte Architekt Richard Wolffenstein verpflichtet. Das monumentale Zentrum des Hafens bilden die Bauten am Mittelbecken: das beherrschende Verwaltungsgebäude, drei Lagerhallen, der mächtige Getreidespeicher und – sozusagen exterritorial – an der westlichen Landspitze der Zollspeicher. Weithin sichtbar und somit von großer Signalwirkung ist der imposante Turm des Verwaltungsbaus. Seiner – früheren – Funktion nach eigentlich

WESTHAFEN 11

11 WESTHAFEN

ein Wasserturm für die Eisenbahn, weckt er doch sogleich Assoziationen an ein Rathaus. Alle Fassaden sind mit dunkelvioletten Klinkern verblendet. Für die Sockel, die Erdgeschosse und die Dekorteile verwendete Wolffenstein Muschelkalk. Die bei der Gestaltung dominierenden neoklassizistischen Formen sind dem Repertoire des damals populären „Heimatschutz-Stiles" entnommen und im Sinne der Reformarchitektur nach der Jahrhundertwende vereinfacht und versachlicht.

Heute kommt dem Gebäudeensemble des Westhafens eine verkehrsgeschichtliche und eine stadtgeschichtliche Bedeutung zu. Aber der Hafen besitzt darüber hinaus auch technikgeschichtliche Bedeutung: Viele ursprüngliche Hebewerkzeuge und die Speichergebäude-Technik sind erhalten und noch immer in Betrieb – und zeugen somit vom hohen Stand der damaligen technischen Ausrüstung.

Gebäudefassade von Richard Wolffenstein

Tiergarten, Westhafenstraße 1-3

U-Bahn   Westhafen (vormals Putlitzstraße)
            U9

Bus   Beusselbrücke
            X26, 123, 126, 127
            Berliner Großmarkt
            123, 126
            Seestraße/Beusselstraße
            126

Katholische Kirche St.-Augustinus am Prenzlauer Berg

Der Baustil eines stark ausgeprägten Expressionismus ist in Berlin eher selten zu finden. Ein sehenswertes Beispiel dieser Stilepoche stellt die katholische St.-Augustinus-Kirche, mitten in Prenzlauer Berg gelegen, dar.

Bei dem in den Jahren 1927 bis 1928 nach Entwürfen von Josef Bachem und Heinrich Horvatin errichteten Bau handelt es sich um eine Dreiflügelanlage, die in geschlossener Bebauung ausgeführt ist. An den einschiffigen Kirchentrakt mit dreischiffigem Chor schließt sich zur Straße hin ein Pfarrhaus mit fünf Geschossen an. Im Hof ist ein eingeschossiges Nebengebäude angefügt, in dem ein Saal und ein Kindergarten untergebracht sind. Die Straßenfassade ist außer den oberen Geschossen des Pfarrhauses mit Klinkern verblendet. Die Fassade selbst ist lebhaft gegliedert. Im Mittelteil weisen zwei Spitzbogenarkaden in die offene Vorhalle, über diesen Spitzbögen sind Terrakottafiguren mit biblischen Motiven angebracht. Der Turm trägt ein kupfergedecktes Pyramidendach und wird von einem hohen vergoldeten Metallkreuz geziert.

Das Hauptschiff und der Chor, beide mit Tonnengewölbe, verfügen über gediegenen Innenraumschmuck: Die Blendarkaden und die Chorpfeiler sind in rotem Kunststein ausgeführt, die Wände in Silber und Hellblau. Der Hochaltar ist aus schwarzem Marmor und blauer Keramik gefertigt. Die Altarskulptur stammt ebenso wie die Plastiken in den Seitenkapellen von Otto Hitzberger, der seinerzeit für seinen expressionistischen Kirchenschmuck berühmt

12 KATHOLISCHE KIRCHE ST.-AUGUSTINUS

war. So stammt auch die Darstellung der Kreuzwegstationen in der St.-Michael-Kirche in Wannsee von ihm.

Freunde expressionistischer Kirchen finden in Berlin neben der St.-Augustinus-Kirche und der genannten St.-Michael-Kirche zum Beispiel noch die 1930 geweihte St.-Maria-Magdalena-Kirche in Pankow-Niederschönhausen oder die Kirche am Hohenzollernplatz in Wilmersdorf, ein 1930-33 von Fritz Höger gestalteter Höhepunkt expressionistischer Baukunst in Deutschland.

St.-Maria-Magdalena-Kirche in
Pankow-Niederschönhausen,
Platanenstraße 20-21

Prenzlauer Berg, Dänenstraße 17-18

U-Bahn   Schönhauser Allee
            U2

S-Bahn   Schönhauser Allee
            S4, S8, S10

Tram   Schönhauser Allee
            50, 53

KATHOLISCHE KIRCHE ST.-AUGUSTINUS 12

Fichtebunker

Tief im Kreuzberger Kiez findet sich ein Bauwerk, das wie kaum ein anderes Zeugnis von der bewegten Geschichte dieses Berliner Arbeiterbezirkes ablegt. Wenn die Mauern des landläufig als Fichtebunker bekannten Gebäudes reden könnten, sie hätten viel zu erzählen...

Ursprünglich war der Fichtebunker als Gasometer errichtet worden. Im Jahre 1874 in Betrieb genommen, wurde er vom Städtischen Gaswerk in der Gitschiner Straße befüllt; die Gasrohre führten damals über den Landwehrkanal hinweg. Die Ummauerung des Gasbehälters mit gelben Klinkern und einer Vielzahl von Schmuckelementen - rote Gesimsbänder, ein feines rot-gelbes Schmuckband aus Tonfliesen und die 32 Rundbogenfenster - entsprach dem damaligen Zeitgeschmack. Grundlage dieser äußeren Gestaltung war der Typenentwurf der Gasanstalt, den sie schon seit Jahren für ihre Gasometer zur Norm erklärt hatte. Überwölbt wurde der Bau von einer Schwedler-Kuppel. Diese nach ihrem Erfinder benannte Eisentragwerk-Konstruktion galt in ihrer Zeit als revolutionäre technische Neuerung. Sie wurde bereits am Boden montiert und dann mit dem angehängten Gerüst für die Maurer mit dem Fortschreiten des Ringmauerwerks hydraulisch nach oben gepreßt. Ein Prinzip, nach dem heute Hochhäuser in den Himmel wachsen.

Zu einem Bunker wurde der Gasometer erst 1942, als der Baustab Speer einen sogenannten „Mutter-und-Kind-Bunker" in die Mauern des Gasbehälters einbaute. In den sechs Geschossen mit ihren 750 Schutzräumen überdauerten mehrere tausend Kreuzberger die Bombennächte. In der Nachkriegszeit nutzte man den Bunker als Flüchtlingslager, Rückkehrerheim und schließlich als Obdachlosenasyl.

FICHTEBUNKER 13

13 FICHTEBUNKER

In der Zeit des Kalten Krieges fand der inzwischen recht marode Bau als Lager für die „Senatsreserve" Verwendung. Die Notbevorratung, die hier für den Krisenfall eingelagert wurde, bestand zu einem erheblichen Teil aus Thunfischkonserven. Kreuzberger Gören, die das damals noch nicht eingezäunte Gelände um den Bunker zu ihrem Abenteuerspielplatz erkoren hatten, setzten ihren Ehrgeiz daran, mittels selbstgebastelter Geräte durch defekte Lüftungsschächte hindurch Thunfisch zu angeln.

Nach dem Ende des Ost-West-Konflikts und dem Fall der Mauer hat der Fichtebunker seine letzte praktische Funktion verloren. Schon lange vorher hatten sich Stadtplaner und Architekten Gedanken darüber gemacht, was man mit dem Bau anfangen könnte. Aber trotz aller Phantasie - die Vorstellungen reichten von der schlichten Nutzung als Probenräume für Bands über ein Museum oder Kulturzentrum bis zu einer Freilichtbühne unter dem erhaltenen Gerippe der Schwedler-Kuppel - steht der Fichtebunker bis heute ungenutzt im Kreuzberger Kiez, wo er zumindest den alten Kreuzbergern als Erinnerungsstück an schwere Zeiten dient. Nach der Sprengung der gemauerten Gasbehälter auf dem Prenzlauer Berg, die vor einigen Jahren trotz lautstarker Proteste dem Neubau der Ernst-Thälmann-Siedlung weichen mußten, handelt es sich bei dem Fichtebunker um das letzte Bau- und Technikdenkmal dieser Art in Berlin.

Kreuzberg, zwischen Fichtestraße und Körtestraße

U-Bahn	Südstern U7
Bus	Körtestraße 241, 248

Urinalanlage „Café Achteck" auf dem Chamissoplatz

Das Jahr 1863 stellt einen Meilenstein in der Geschichte des Toilettenwesens dar. Es wurde damals nämlich die erste öffentliche Urinieranstalt für Männer in Berlin errichtet.

Vorausgegangen war ein seit 1838 währender Streit darüber, wer für die Errichtung und den Unterhalt der geplanten Anstalten aufzukommen habe. Schließlich hatten sich Stadt und Fiskus darauf verständigt, je 15 solcher Anlagen zu installieren. Doch dies ging anfangs nur langsam voran, da sich Behörden und Anwohner häufig gegen die Errichtung der Anlagen in der Nachbarschaft ihrer Gebäude und Wohnungen zur Wehr zu setzen versuchten. Dennoch standen 1876 schon mehr als 50 Urinieranstalten an Berliner Straßen und Plätzen. Im Dorf Britz installierte man 1890 ein erstes öffentliches Dorf-Pissoir – ebenfalls eine Gußeisenkonstruktion.

Um dem steigenden Bedürfnis, das die zweiständige Anlage bald nicht mehr ausreichend befriedigen konnte, entgegenzukommen, entwickelte man eine siebenständige Stehanstalt. Offiziell unter der Bezeichnung „Waidmannslust" firmierend, erhielt der neue Typ vom Volksmund sogleich den Namen „Café Achteck" – ein wegen des achteckigen Grundrisses naheliegender Ausdruck. Die charakteristischen Kennzeichen des Typs „Waidmannslust" waren neben dem markanten Grundriß das verwendete Baumaterial Gußeisen und die detailfreudige Gestaltung. Außerdem waren die Anlagen nicht im später eingeführten zurückhaltenden Grün gestrichen, sondern stellten durch die damalige bunte Bemalung

14 URINALANLAGE „CAFÉ ACHTECK"

URINALANLAGE „CAFÉ ACHTECK" 14

– bei der reichen Ornamentik der Gußeisenplatten bot sie sich fast zwingend an – einen wahren Augenschmaus dar. Zum Erfolg trugen nicht nur Schönheit und Zweckmäßigkeit bei; auch die frühe „Plattenbauweise" verhalf dem Typ zur raschen Verbreitung. Die in der Fabrik hergestellten, 60 Millimeter dicken gußeisernen Wände ließen sich problemlos vor Ort montieren, wobei die Wandelemente jeweils zwischen zwei gleichfalls gußeiserne Pfosten gespannt wurden. Das Ganze errichtete man auf einem vorher gegossenen Betonsockel. Im Inneren sorgte die eingelassene umlaufende Ablaufrinne für eine leidlich hygienische Entsorgung.

Natürlich waren alle diese Anlagen nur dem männlichen Geschlecht vorbehalten. Die mit Wasserklosetts und Toilettenräumen ausgestatteten „Vollanstalten", die auch den dringenden Bedürfnissen der Damen entgegenkamen, blieben die Ausnahme.

Von den knapp 30 erhaltenen oder eingelagerten alten Bedürfnisanstalten sind inzwischen die ersten „Gußeisen-Cafés" wieder als Schmuckstücke instandgesetzt worden. Ein Pilotprojekt für die Restaurierung und Instandsetzung eines „Café Achtecks" stellt die Anlage auf dem Chamissoplatz dar. Hier wurde der Bau im Februar 1996 vollständig demontiert und in der Lauchhammer Kunstgießerei restauriert. Im November 1996 konnte die Anlage feierlich wiedereröffnet werden. Finanziert wurde die 250 000 DM teure Maßnahme von einer Privatfirma. Das erfolgreiche Unternehmen befaßt sich mit der Entwicklung und der Aufstellung von – was wohl? Richtig geraten: Toilettenanlagen!

Kreuzberg, Chamissoplatz/ Ecke Arndtstraße

U-Bahn   Platz der Luftbrücke
          U6

Renaissance-Theater

Nicht nur für Theaterenthusiasten, sondern auch für Liebhaber origineller Innenausstattungen lohnt ein Besuch des Renaissance-Theaters.

Das Theater entstand in den Jahren 1926/27 durch die Zusammenlegung und den Umbau bereits bestehender Gebäude. Die Pläne dazu stammten von dem auf Theaterbauten spezialisierten Berliner Architekten Oskar Kaufmann. Er hatte sich in Berlin bereits mit dem Hebbel-Theater, der Volksbühne (am heutigen Rosa-Luxemburg-Platz) und dem Theater am Kurfürstendamm einen hervorragenden Ruf erworben. Mit dem Ausbau des Renaissance-Theaters wurde er ein weiteres Mal diesem Ruf gerecht: Indem er geschickt die eigentlich ungünstigen räumlichen und baulichen Gegebenheiten nutzte, schuf er das Musterbeispiel eines intim anmutenden Theaters. Zu der besonderen Atmosphäre des Baues trug auch die reiche Innenausstattung nach Entwürfen von César Klein bei.

Große Bedeutung von Seiten der Denkmalpflege kommt dem Renaissance-Theater vor allem deshalb zu, weil es mit der kompletten Originalausstattung von hoher künstlerischer Qualität erhalten ist. Von der Kassenhalle über die Umgänge, Treppen, Foyers bis hin zum Zuschauerraum, von den schmiedeeisernen Geländern, Lampen, Türen, Beschlägen, Wandbespannungen und Spiegeln bis zu den Intarsien hat tatsächlich alles die Zeit überstanden. So läßt sich noch heute das für Kaufmann charakteristische sensible Gespür für die wertvollen Materialien, Farben und Oberflächen bewundern. Seine Vorliebe für expressionistische Formenvielfalt mündete im Renaissance-Theater in einem enormen Material- und Ausstattungsluxus.

RENAISSANCE-THEATER 15

15 RENAISSANCE-THEATER

Die vor einigen Jahren durchgeführte Freilegung und Wiederherstellung der Innenraumfassungen sorgen dafür, daß sich das Renaissance-Theater heute in der gleichen verschwenderischen Pracht zeigt wie zur Zeit seiner Eröffnung.

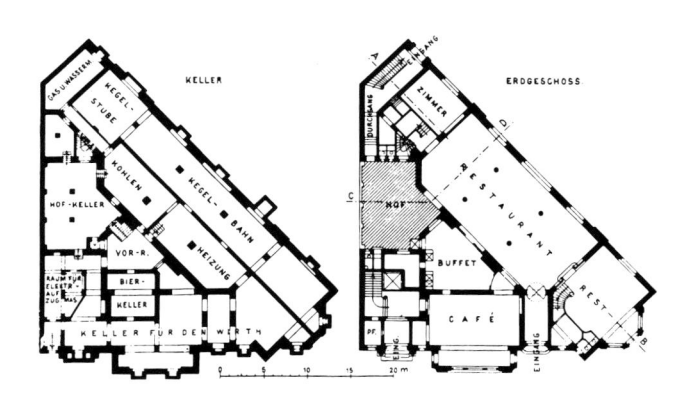

Grundrisse von 1936-38

Charlottenburg, Hardenbergstraße 6
Tickets Tel. 312 42 02
U-Bahn   Zoologischer Garten
              U2
              Ernst-Reuter-Platz
              U2, U9

S-Bahn   Zoologischer Garten
              S3, S5, S7, S75, S9

Bus   U Zoologischer Garten
              X9, X34, 100, 109, 110, 129, 145, 146, 149, 204, 245

Wolfsschlucht im Viktoriapark

Der um 1890 angelegte Viktoriapark um den Kreuzberg mit seinem Schinkelschen Nationaldenkmal ist die grüne Lunge Kreuzbergs und eine der bekanntesten Gartenanlagen der Stadt. Am Rande des vielbesuchten Parks findet sich ein gartenarchitektonisches Juwel, das von vielen Erholungsuchenden allzu leicht übersehen wird: die Wolfsschlucht.

Ursprünglich war das Areal, das später den abenteuerlichen Namen erhalten sollte, gar nicht in die Planung des Viktoriaparks einbezogen. Vielmehr diente es bis Ende des letzten Jahrhunderts als Lehm- und Kiesgrube. Erst nach Abschluß der Arbeiten am Viktoriapark wurde das ausgebeutete und verwüstete Gelände zwischen 1892 und 1895 nach Plänen des Gartendirektors Hermann Mächtig umgestaltet. Er ließ sich dabei von dem verwüsteten Zustand des Geländes inspirieren und schüttete die Grube nicht etwa zu, sondern schuf einen gartenkünstlerischen Höhepunkt des Viktoriaparks. Es fanden sich nach Abschluß der Arbeiten ein kleiner Teich, Stützmauern aus Rüdersdorfer Sandstein, Regenwasserrinnen in den Böschungen und den Wegen sowie eine künstliche Quelle mit kleinen Wasserfällen in der Wolfsschlucht. Eine üppige Vegetation von Farnen, Efeu und immergrünen Gehölzen verlieh ihr ein betont romantisches Erscheinungsbild, ganz nach dem damaligen Zeitgeschmack. Das Ergebnis der „Renaturierung" – wenn man denn bei all der Künstlichkeit davon sprechen will – der Kiesgrube war nach zeitgenössischen Quellen äußerst reizvoll und stellte den meistbesuchten Teil des Viktoriaparks dar.

16 WOLFSSCHLUCHT IM VIKTORIAPARK

Bald hundert Jahre später war von der Idylle nichts mehr zu erkennen. Die Wolfsschlucht hatte ihre Attraktivität durch Kriegsfolgen, Vandalismus und unsachgemäße Pflege vollkommen eingebüßt. Anfang der 90er Jahre aber begann man mit gartenarchäologischen Grabungen; die alten Unterlagen und Pläne hatten das Interesse geweckt und erwiesen sich als nützliche Grundlage der Arbeit. Bei den Grabungen sind in der Wolfsschlucht kunstvolle Natursteinsetzungen, Wegeprofile und sogar die historische Quelle mit den Wasserfällen wieder ans Tageslicht gekommen. Die Grabungen gaben auch Aufschluß über die damals verwendete Wassereinspeisung und -entsorgung.

Zur Neuerstehung des ursprünglichen Erscheinungsbildes der romantischen Wolfsschlucht waren umfangreiche und schwierige landschaftsgärtnerische Instandsetzungsarbeiten erforderlich. Die freigelegten Wasserfall- und Quellbereiche ließen sich anhand abgerutschter Steinblöcke, der Auswertung alter Fotos und denkmalpflegerischer Erfahrung wiederherstellen. Anstelle der häßlichen Betonstufen und der alten Eisenbahnschwellen aus den 70er und 80er Jahren wurden Reisiggeflechte zur Böschungssicherung gelegt und Natursteine gesetzt, die den historischen Vorbildern in Material, Be- und Verarbeitung gleichen.

Die Suchgrabungen hatten auch gezeigt, daß die Asphaltwege der Nachkriegszeit fast einen halben Meter über dem historischen Niveau lagen und durch den unsachgemäßen Einbau in den 70er Jahren ihren geschwungenen Verlauf eingebüßt hatten. Das aus dem damaligen Zeitgeschmack resultierende Sündenregister der schleichenden Modernisierung erscheint ohnehin lang, schließlich sind die breiten Asphaltpisten bis heute aus dem Viktoriapark nicht verschwunden. Die Epoche des Betonverbundsteines brach erst in den 80ern an.

Aber all die störenden Elemente wurden in der Wolfsschlucht ausgeräumt, und seit 1996 kann man auf den in historischer

WOLFSSCHLUCHT IM VIKTORIAPARK

Lage wiederhergestellten Wegen, die nun auch wieder wie früher von Knüppelholzgeländern gesäumt sind, durch die Garten gewordene Romantik bummeln – Büsche und Farne schlucken den vom Viktoriapark kommenden Lärm der Ballspieler und Hunde, nur das leise Plätschern des kleinen Wasserfalls erquickt das Ohr des Wanderers.

Gartengewordene Romantik in der Wolfsschlucht

Kreuzberg, Kreuzbergstraße oder Methfesselstraße

Die Wolfsschlucht liegt – vom Fuße des Wasserfalls aus gesehen – auf der linken Seite des Wasserfalls, unterhalb des Nationaldenkmals.

U-Bahn   Platz der Luftbrücke
            U6

Bus   Platz der Luftbrücke
            104, 119, 184, 341

Geschäftshaus Stiller

Liebhaber von Nierentischen werden entzückt sein: Das Geschäftshaus der Firma Stiller ist so durch und durch vom Geist und Geschmack der 50er Jahre geprägt, daß man bei seinem Anblick schon von weitem meint, die Gummibäume rauschen zu hören.

Tatsächlich erfüllt der 1957 fertiggestellte Bau äußerlich, von der Straßenfassade her, alle Vorstellungen, die man von der Architektur der 50er Jahre hegt. Die äußerst plastisch gestaltete Straßenfront zeigt eine konkave, also ins Gebäude hineinschwingende Form in den Obergeschossen. Im Kontrast dazu ragen zwei Vordächer heraus: das eine spannt sich verwegen über das Ladenlokal, das andere überragt das etwas zurückgesetzte Dachgeschoß. Ursprünglich waren beide Vordächer von jeweils fünf großen kreisrunden Öffnungen durchbrochen, die das Sonnenlicht zu den Schaufenstern im Erdgeschoß und auf die – damalige – Dachterrasse hindurchließen. Etwas von dem kühnen Schwung der Berliner Nachkriegsjahre verrät das Vordach über der

Hier fehlen nur noch Schuhverkäuferinnen mit Petticoat und Hochfrisur!

17 GESCHÄFTSHAUS STILLER

Schaufensterfront noch, dessen „Löcher" als Regenschutz für das Publikum bei der Modernisierung des Ladenlokals „gestopft" werden mußten. Die etwas bizarr-extravagant anmutende Fassadengestaltung verhalf dem Bau im Berliner Volksmund seinerzeit zu dem treffenden Namen „Regenschirmständer".

Der Architekt des Stiller-Hauses, der Berliner Hans Simon, galt in den 50ern als „Firmenarchitekt", der mit seinen Bauten für Produktion und Handel in der BRD und in Westberlin – auch der Pavillon von Auto-Winter am Steglitzer Kreisel stammt von ihm – Maßstäbe setzte. Seinen schon in den 20er und 30er Jahren entwickelten kühnen Stil hatte er zuvor im Dritten Reich verleugnen müssen.

Der heutige Zustand des Stiller-Hauses beweist, daß sich dank privaten Engagements – die Firma Stiller wurde für die Erhaltung ihres Gebäudes ausgezeichnet – und klarer denkmalpflegerischer Vorgaben manches aus der Zeit des Wirtschaftswunders bewahren läßt.

Charlottenburg, Wilmersdorfer Straße 58
(im Bereich der Fußgängerzone)

Jetzt betreibt der Berliner Schuhmonopolist hier eine Filiale seiner SB-Schiene Schuh-Neumann.

U-Bahn	Wilmersdorfer Straße
	U7
S-Bahn	Charlottenburg
	S3, S5, S7, RB 11, RB 12, RB 18

GESCHÄFTSHAUS STILLER 17

Literaturhaus Fasanenstraße

Unbekannt ist die Veranstaltungsadresse in der Charlottenburger Fasanenstraße sicher nicht, zumindest nicht bei Literaturinteressierten. Daß die Baugruppe aber auch ein bedeutendes Denkmalensemble darstellt, wird schon eher übersehen.

Dabei ist das Literaturhaus als ein Teil des historischen Gebäudeensembles zu sehen, das sich aus der Villa Grisebach, Fasanenstraße 25, dem Haus Nr. 24, das der französischen Bautradition mit seinen Königsstilen des 18. Jahrhunderts folgt und eben dem Bau des jetzigen Literaturhauses Fasanenstraße 23 zusammensetzt. Das 1873 errichtete Gebäude stellt hierbei ein typisches Beispiel für ein großbürgerliches Wohnhaus vom Beginn der Gründerzeit dar.

Die in den 80er Jahren wiederhergestellten Hausgärten verkörpern den Typus des für das 19. Jahrhundert im Berliner Raum weit verbreiteten landschaftlichen Villengartens. Alle drei Gärten sind miteinander verbunden und beinhalten auch einen Skulpturengarten hinter der Villa Grisebach. Der großzügig dimensionierte Garten des Literaturhauses mit seinem alten Baumbestand ist heute aber vor allem der wohl beliebteste Kaffeegarten des westlichen Stadtzentrums (geöffnet von 10.00 - 1.00, Frühstück bis 13.00).

Charlottenburg
Fasanenstraße 23, 24, 25 : Literaturhaus (Tel. 882 65 52), Käthe-Kollwitz-Museum (Tel. 882 52 10) und Kunstgalerie Pels-Leusden
U-Bahn   Uhlandstraße
               U15

LITERATURHAUS FASANENSTRASSE 18

19 GEWANDFIBEL AUS EINEM BRITZER GRAB

Gewandfibel aus einem Britzer Grab im Museum für Vor- und Frühgeschichte

Das Museum für Vor- und Frühgeschichte ist in einem prominenten Baudenkmal, dem ehemaligen Theater der Schloßanlage von Charlottenburg, untergebracht. Vor allem aber beherbergt das Gebäude eine Fülle von beweglichen Bodendenkmälern aus dem Berliner Raum. Darunter befindet sich auch ein sehr kostbares Fundstück einer archäologischen Grabung in Neukölln.

Diese Fundstelle lag im Ortsteil Britz an der Fritz-Reuter-Allee, südlich der Parchimer Allee. Hier fanden Archäologen bei Grabungen auf einem Gräberfeld eine prachtvolle Gewandfibel. Das ist eine spangenartige Nadel, die zum Verschließen von Kleidungsstücken dient. Das Gräberfeld wurde schon 1931 bei Kanalarbeiten von einem aufmerksamen Bauarbeiter entdeckt. Die Fundstätte wurde später bei der Anlage der heute denkmalgeschützten Hufeisensiedlung eingeebnet.

Das Gräberfeld und damit auch die Fundstücke, von denen die Fibel das bedeutendste ist, stammen aus der Zeit der Völkerwanderung. Es ist eine vergoldete Silberfibel mit rechteckiger Kopfplatte, an deren Seite ursprünglich sieben – heute noch fünf – Knöpfe angebracht sind. Das Schmuckstück ist mit acht Granatsteinen in Tropfen-, Rechteck- und Fünfeckform besetzt. Die Fibel ist gut fünf Zentimeter lang und hervorragend erhalten. Aus demselben Gräberfeld wurden noch ein Goldanhänger,

GEWANDFIBEL AUS EINEM BRITZER GRAB 19

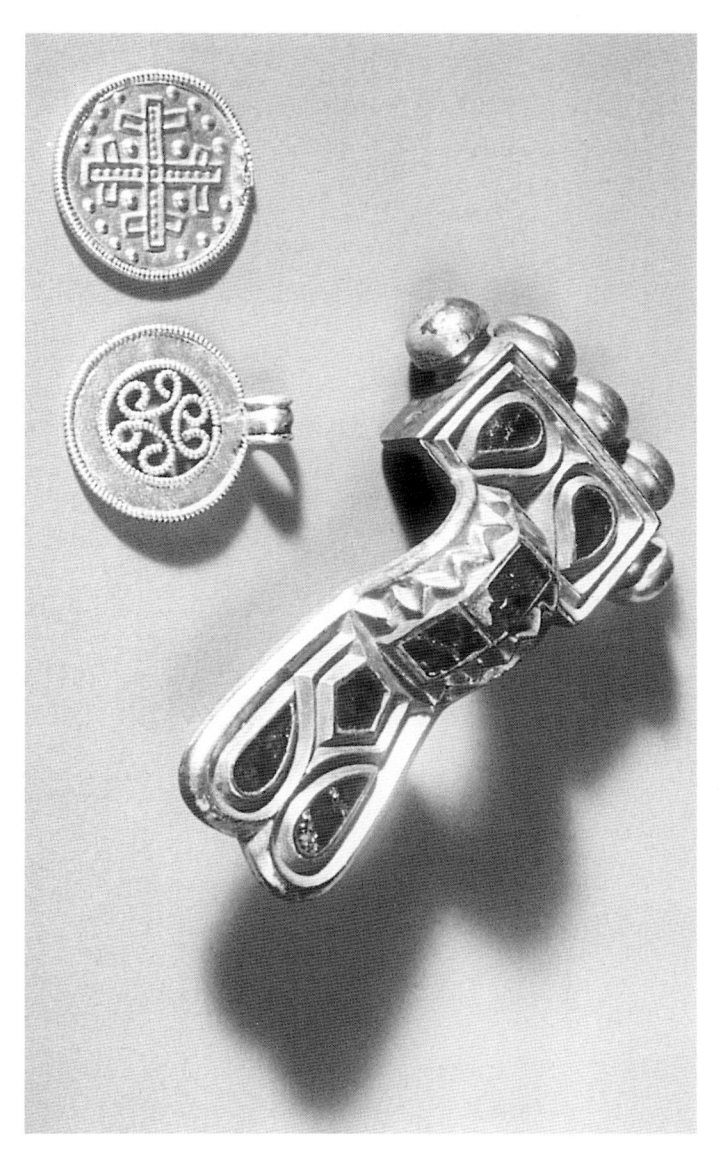

19 GEWANDFIBEL AUS EINEM BRITZER GRAB

zwei Schnallen, ein Knochenkamm, ein größerer Spinnwirtel, also das Schwunggewicht eines Spinngerätes, sowie eine schöne Emailperle geborgen. Auch einige Tongefäße und den Rest eines Messers aus Eisen förderte man zutage. Und nicht zu vergessen: „Schädelteile von drei Individuen unter 30 Jahren", wie das Grabungsprotokoll vermerkt.

Die Völkerwanderungszeit, von der dieser Fund Zeugnis ablegt, beginnt mit dem Jahr 375, als die Hunnen die Wolga überschritten und die dort lebenden Ost- und Westgoten nach Westen und Süden abdrängten. Das Britzer Grab stammt aber aus dem zweiten Drittel des 6. Jahrhunderts und damit aus der späten Völkerwanderungszeit. Bei den Toten handelte es sich, den Beigaben nach zu urteilen, um Germanen.

Nach 1 400 Jahren im lehmigen Sandboden von Britz erinnert die Fibel heute in der Schauvitrine Nr. 32 an die Vor- und Frühgeschichte von Berlin.

Charlottenburg, Museum für Vor- und Frühgeschichte
im Schloß Charlottenburg, Spandauer Damm
Öffnungszeiten: Di bis Fr 10.00 bis 18.00 Uhr,
Sa und So 11.00 bis 18.00 Uhr

U-Bahn	Sophie-Charlotte-Platz
	U2
	Richard-Wagner-Platz
	U7
Bus	Luisenplatz/ Schloß Charlottenburg
	X21, 109, 145
	Schloß Charlottenburg
	145, 210

Kirche
Maria Regina Martyrum

Nahe der Gedenkstätte Plötzensee befindet sich eine Kirche, die von ihrer Funktion und von ihrer Architektur her eine Besonderheit darstellt: die Kirche Maria Regina Martyrum, die – wie sie offiziell genannt wird – Gedächtniskirche der deutschen Katholiken zu Ehren der Blutzeugen für Glaubens- und Gewissensfreiheit in den Jahren 1933 bis 1945.

Der 1963 eingeweihte Bau geht auf eine Anregung des Deutschen Katholikentages von 1952 zurück. Aber erst 1960 wurde mit den Bauarbeiten begonnen. Die Pläne für den Neubau stammten von dem Dombaumeister Hans Schädel und dem Architekten Friedrich Ebert und sahen eine streng kubisch gestaltete, fast schmucklose Kirche vor. Die Klarheit, die das Konzept auszeichnete, wird durch die Konstruktion in Stahlbetonbauweise sinnfällig vor Augen geführt.

Man betritt die Anlage durch einen Feierhof, der von Basaltplatten mit Bronzeskulpturen der Kreuzwegstationen eingefaßt wird. Der eigentliche Kirchenbau ist in eine Oberkirche und eine Unterkirche gegliedert. Die auf drei Mauerstützen aufliegende Oberkirche soll den Eindruck vermitteln, als sei sie nicht von unten nach oben gebaut, sondern vielmehr von oben herabgesenkt; herabgesenkt auf die dunkle Todeszone der unter ihr liegenden Unterkirche mit der Krypta.

In dieser Krypta sieht man eine Pietà des Bildhauers Fritz König. Hier befinden sich die Grabstätten der Märtyrer Erich Klausener, Alfred Delp und Bernhard Lichtenberg. Der katholische Laie Erich Klausener, Leiter der Katholischen Aktion, wurde am 30. Juni 1934 in seinem Dienstzimmer im Reichsverkehrs-

20 KIRCHE MARIA REGINA MARTYRUM

ministerium auf Befehl Heydrichs erschossen – nachdem er eine Woche zuvor eine staatskritische Rede auf dem Katholikentag gehalten hatte. Der junge Jesuitenpater Alfred Delp gehörte zu der Gruppe um den Grafen James von Moltke, die sich mit Umsturzplänen trug. Er starb am 2. Februar 1945 in der Haft an den Folgen der Folter. Der Prälat Bernhard Lichtenberg betete von der Kanzel der St. Hedwig-Kathedrale für die Gefangenen in den Konzentrationslagern. Er selbst lernte das Grauen der Lager nicht mehr kennen, denn auf dem Weg nach Dachau kam er um. Bemühungen zu Zeiten der DDR, den Leichnam Lichtenbergs, der auf dem Ostberliner St. Hedwig-Friedhof beigesetzt war, in die Kirche Maria Regina Martyrum zu überführen, blieben erfolglos. Nach dem Mauerfall wurden die sterblichen Überreste Lichtenbergs dann in der St. Hedwig-Kathedrale beigesetzt, wo 1997 auch die Seligsprechung durch den Papst stattfand.

Charlottenburg, Heckerdamm 230

U-Bahn   Jakob-Kaiser-Platz
            RE6, U7

Bus   U Jakob-Kaiser-Platz
            X9, X21, 109, 121, 123, 225
            Weltlinger Brücke
            109, 121, 123, 225

Vom Jakob-Kaiser-Platz 15 Minuten Fußweg über die Lichtenbergstraße vorbei an der Delpzeile.

Wohnstadt Carl Legien

Im dicht besiedelten Arbeiter- und Mietskasernenbezirk Prenzlauer Berg entstanden in den 20er Jahren mehrere neue Siedlungen. Als mustergültig für die Ziele der Wohnreform-Bewegung gilt die „Wohnstadt Carl Legien". Der Name erinnert an den Vorsitzenden des Allgemeinen Deutschen Gewerkschaftsbundes und verweist programmatisch auf die Bewohner, für die die Siedlung bestimmt war.

Im Auftrag einer gemeinnützigen Baugesellschaft konzipierte Bruno Taut 1928 bis 1930 entlang der Erich-Weinert-Straße die „Wohnstadt Carl Legien" als ein Paradebeispiel für den fortschrittlichen Siedlungsbau dieser Zeit. Getreu dem Motto „Licht, Luft und Sonne" richtete Taut die Gebäudezeilen in Ost-West-Richtung aus, so daß die Wohnungen ausreichend besonnt, belichtet und belüftet werden konnten. Auch die großzügigen, begrünten Wohnhöfe dienten der Verbesserung der Wohn- und Lebensverhältnisse.

Die maximal fünfgeschossigen, verputzten Wohnblöcke sind in 1 1/2- bis 3 1/2-Zimmer-Wohnungen aufgeteilt, besitzen Zentralheizung und jeweils Balkon oder Loggia. Zur Infrastruktur der Siedlung gehören Waschhäuser, Geschäfte und Gaststätten. Die Häuser bilden dreiseitig umschlossene Wohnhöfe, die so gar nichts mehr mit den berüchtigten Berliner Hinterhöfen gemein haben. Vielmehr führen sie die großzügige städtebauliche Idee der Gesamtanlage am deutlichsten vor Augen. Von Anfang an maß Taut bei der Planung auch der Gestaltung dieser Grünanlagen große Bedeutung zu. Entlang der Erich-Weinert-Straße wurden kleine Gruppen von Robinien gepflanzt, die die Wohnhöfe zwar optisch vom Straßenraum abschirmten, dabei aber genügend Transparenz aufwiesen, um die Anlage

WOHNSTADT CARL LEGIEN 21

21 WOHNSTADT CARL LEGIEN

nicht zu zerteilen. Ursprünglich waren die Höfe mit Rasen bedeckt, den die Bewohner gemeinsam nutzen konnten.

Im Krieg wurden zahlreiche zeittypische Eingriffe in die Grünanlage vorgenommen, die das einheitliche Erscheinungsbild veränderten. So parzellierte man die Gemeinschaftsgrünflächen in den Wohnhöfen und verteilte sie an die Mieter als Gemüsegärten. Bis heute bestehen diese Kleingärten fort. Der zentrale Bereich um die Erich-Weinert-Straße hat leider durch zusätzlichen Baum- und Strauchbewuchs seine Durchlässigkeit zu den Innenhöfen verloren und ist auch als Siedlungsmittelpunkt kaum mehr zu erkennen.

Anfang der 90er Jahre begann die Sanierung der denkmalgeschützten Anlage. Im Zuge dieser Maßnahmen sind in einem Teil der Häuser die Fenster, Türen, Fassaden und Dächer komplett instandgesetzt worden. Die Mieter sind zufrieden und pflegen mit Hingabe ihre Kleingartenidylle.

Prenzlauer Berg, Erich-Weinert-Straße

S-Bahn	Prenzlauer Allee S4, S8, S10
Tram	Prenzlauer Allee 1 Prenzlauer Allee/ Ostseestraße 1, 13, 23, 24
Bus	Erich-Weinert-Straße 156 Prenzlauer Alle/ Ostseestraße 156, 158

Denkmal des Spanienkämpfers im Volkspark Friedrichshain

Im Norden des Bezirks Friedrichshain liegt der vielbesuchte Volkspark Friedrichshain. Von den vielen Bauten und Denkmälern, die den Park schmücken, ist der berühmte Märchenbrunnen sicher der beliebteste Anziehungspunkt. Aber auch mehrere politische Gedenkstätten sind einen Besuch wert. Eines dieser Denkmäler ist der „Spanienkämpfer".

Dieses vielleicht bekannteste Denkmal im Friedrichshain heißt offiziell „Gedenkstätte für die Interbrigadisten". Die Gesamtanlage liegt am Rande des Parks an der Friedenstraße. Sie besteht aus der Skulptur des Spanienkämpfers von Fritz Cremer, einer Relieftafel von Siegfried Krepp und einer Inschriftentafel. Als Paradeplatz angelegt, diente die 1968 eingeweihte Denkmalanlage zu DDR-Zeiten auch für Kundgebungen und Aufmärsche. Sie erinnert an den Spanischen Bürgerkrieg 1936 bis 1938, als faschistische Militärs unter General Franco gegen die Demokratie zu Felde zogen. In den – letztlich erfolglosen – Kämpfen fanden neben zahllosen spanischen auch viele ausländische Widerstandskämpfer den Tod. Von den 5 000 Deutschen, die in den „Internationalen Brigaden" gegen die Faschisten kämpften, verloren 3 000 ihr Leben.

Beherrschendes Element der Anlage ist der „Spanienkämpfer" des DDR-Nationalpreisträgers Fritz Cremer, der durch die Kombination von realistischer Figur – mit Baskenmütze – und symbolischer Waffe – eines Schwertes – den Betrachter zum Nachdenken anregen will. Der „Spanienkämpfer" sollte besonders

22 DENKMAL DES SPANIENKÄMPFERS

DENKMAL DES SPANIENKÄMPFERS 22

für die Jugend Vorbild sein, mutig für ihre Ideale zu kämpfen. Siegfried Krepps Relieftafel übernimmt die Erzählfunktion, indem sie Stationen des Spanischen Bürgerkrieges in abstrahierter Form darstellt.

Das Denkmal zeigt den typischen Umgang mit Opfern des Faschismus durch die DDR: Den Mut und die Kampfkraft der Widerstandskämpfer hervorzuheben, war wichtiger als die Trauer um die Gefallenen. Die Anlage stand schon auf der Zentralen Denkmalliste der DDR und ist auch wegen ihrer künstlerischen Bedeutung bis heute als Kulturdenkmal eingestuft. Sie repräsentiert zweifellos das wichtigste Denkmal für die im Spanischen Bürgerkrieg gefallenen Antifaschisten auf deutschem Boden.

Friedrichshain, im Volkspark Friedrichshain, an der Friedenstraße, gegenüber Haus Nr. 14

Tram	Am Friedrichshain
	2, 3, 4
	Platz der Vereinten Nationen
	5, 6, 8, 15
Bus	Weinstraße
	142
	Am Friedrichshain
	100, 142, 257
	Platz der Vereinten Nationen
	142, 340

Hochhaus
an der Weberwiese

Noch bevor die Stalinallee zum Symbol des Nationalen Aufbauprogramms der DDR und zum bestimmenden Stilmodell dieser Epoche wurde, entstand mit dem Hochhaus an der Weberwiese schon mal ein „Vorentwurf" dieser Architekturkonzeption.

Bemerkenswert ist dabei, daß der verantwortliche Architekt, der bald auch bei der Stalinallee federführend tätig sein sollte, Hermann Henselmann, zunächst, nämlich Anfang 1951, einen Entwurf im Bauhausstil vorlegte. Die Pläne wurden von den politisch Verantwortlichen, die sich darauf verständigt hatten, die DDR im Stil einer nationalen Bautradition aus Ruinen auferstehen zu lassen, abgelehnt. Nach einer „Aussprache" mit dem Architekten, initiiert von höchster politischer Ebene, erstellte Henselmann kurzfristig neue Entwürfe, die auch umgehend akzeptiert wurden.

Das Hochhaus an der Weberwiese – mit neun Geschossen ein eher niedriges Hochhaus – wurde nach der Absage an das „Neue Bauen" als der erste realisierte Bau zum Maßstab für die weitere Gestaltung der Stalinallee in einem Stil, der von seinen Gegnern bis heute als Anti-Moderne oder Stalinistischer Neoklassizismus geschmäht wird.

Das zu einem großen Teil mit Keramikplatten verkleidete Hochhaus erfüllte die gestellte Aufgabe, bei der Gestaltung eines modernen Wohngebäudes an nationale Architekturtraditionen anzuknüpfen, in diesem Fall besonders an den Berliner Klassizismus Schinkelscher Prägung. So ist das Erdgeschoß ganz mit Sandstein, der Sockel mit poliertem Diabas verkleidet. Eine besondere, repräsentative Wirkung erhielt der Eingang des Hau-

HOCHHAUS AN DER WEBERWIESE 23

23 HOCHHAUS AN DER WEBERWIESE

ses durch vier dorische Säulen. Die Bekrönung des Hochhauses bildet ein gläserner Dachaufbau. Man glaubte, damit eine Architektursprache gefunden zu haben, die sich an den Vorstellungen und Bedürfnissen der Werktätigen orientierte. Das zeigte sich auf der rein praktischen Seite auch an der – nicht nur für damalige Verhältnisse – großzügigen Ausstattung der 33 Wohnungen und an der Auswahl der ersten Mieter. Es waren allesamt verdiente „Helden der Arbeit" und ausgewiesene Antifaschisten.

Daß gleichzeitig andere „Helden der Arbeit" beim Bau der Stalinallee, einem Prestige-Objekt, das jetzt mit aller Macht vorangetrieben wurde, unter dem Druck der erhöhten Arbeitsnormen die Kelle in die Ecke warfen, ist schon wieder ein anderer Teil der frühen DDR-Geschichte.

Heute fällt der äußere Zustand des Hochhauses an der Weberwiese, das schon in der DDR wegen seiner Bedeutung als Auftakt des Nationalen Aufbauprogrammes unter Denkmalschutz gestellt worden war, deutlich von den schon vorbildlich renovierten und rekonstruierten Bauten seiner Umgebung, nämlich der ehemaligen Stalinallee und jetzigen Karl-Marx-Allee, ab. Dafür ist aber noch immer die Gedenktafel mit den Worten Bertolt Brechts zu sehen: „Friede in unserem Lande, Friede in unserer Stadt, daß sie den gut behause, der sie gebaut hat."

```
Friedrichshain, Marchlewskistraße 25
U-Bahn     Weberwiese
           U5
Bus        U Weberwiese
           147
           Marchlewskistraße
           240
```

Architektenkammer Berlin in der ehemaligen Karl-Marx-Buchhandlung

Als „erste sozialistische Magistrale auf Deutschem Boden" wurde die Karl-Marx-Allee – damals noch Stalinallee – in den 50er Jahren im Stil der Stalinzeit errichtet. Heute steht die Karl-Marx-Allee in ihrer Gesamtheit unter Denkmalschutz. Ein Beispiel für den besonnenen denkmalpflegerischen Umgang mit den historischen Innenräumen stellt in diesem Ensemble die ehemalige Karl-Marx-Buchhandlung dar.

Im Juli 1995 zog die Architektenkammer Berlin in Räume der Buchhandlung ein, die sich nach der Wende auf einen Teil der Ladenlokale im Erdgeschoß konzentrierte. Für diese neuen Mieter stellte die Tatsache, daß auch die gediegene Innenausstattung der ursprünglich zweigeschossigen Buchhandlung unter Denkmalschutz gestellt worden war, eine Herausforderung dar. An den Regalen, den Ablagen, den Schaufensterrückwänden, aber auch am Fußboden sowie der Wand-

Altes und Neues gehen innen eine funktionale und gestalterische Synthese ein

24 ARCHITEKTENKAMMER (KARL-MARX-BUCHHANDLUNG)

ARCHITEKTENKAMMER (KARL-MARX-BUCHHANDLUNG)

und Deckengliederung durften keine entstellenden Veränderungen vorgenommen werden. Die Architekten nahmen diese Herausforderung an und können heute eine überzeugende Lösung vorweisen. Bei den Arbeiten wurde ein Konzept zugrunde gelegt, das mit dem Bestehenden behutsam umging und eine fachgerechte Restaurierung gewährleistete. Durch die Büronutzung bedingte Um- und Einbauten wurden auf das Notwendigste beschränkt, aber zeitgemäß gestaltet. Altes und Neues stehen nun gleichberechtigt nebeneinander und gehen eine funktionale und gestalterische Synthese ein.

An der Außenseite prangt noch immer der klar gegliederte Schriftzug „Karl-Marx-Buchhandlung", und manch alter Stammkunde der traditionsreichen, einst größten Ostberliner Buchhandlung kommt immer mal wieder vorbei, um sich an der schönen, auch in den Ladenräumen der „Rest-Buchhandlung" vorbildlich erhaltenen Einrichtung zu erfreuen, um dann ein bißchen in Ostalgie zu verfallen.

Friedrichshain, Karl-Marx-Allee 78
Während der Bürozeiten freuen sich die Mitarbeiter der Architektenkammer – meistens – über interessierte Besucher, und die Buchhändler während der Ladenöffnungszeiten immer.

U-Bahn	Strausberger Platz oder Weberwiese
	U5
Bus	Strausberger Platz
	142
	Karl-Marx-Allee
	340

Oberbaumbrücke

Eine Verbindung nicht nur zwischen zwei Orten, sondern auch zwischen Menschen und Systemen herzustellen, gelang im Berlin der Nachwendezeit keinem Bauwerk besser als der Oberbaumbrücke. Sie wurde zu einem Symbol der zusammenwachsenden Stadt.

Der geschichtsträchtige Bau spannt sich über die Spree und verbindet die alten Berliner Bezirke Kreuzberg und Frierichshain. An der Stelle des Brückenschlages befand sich einst eine sogenannte Akzisegrenze im Fluß. Eine solche Zollgrenze sicherten auf der Spree „Schwimmbäume", vergleichbar den Schlagbäumen an Land, an dieser Stelle der sogenannte Oberbaum, dem auch die erste hölzerne Brücke ihren Namen verdankt. Der für historische Zitate bekannte Baumeister Otto Stahn erwies der einstigen Grenzsituation mit dem neogotischen Neubau der Brücke seine Reverenz: Stadttore und Wehrtürme aus Stendal und Prenzlau dienten als Vorlage für seinen Entwurf. Eine Passage war unter dem Viadukt angelegt, wo sich die Passanten in den Kreuzgang eines märkischen Klosters versetzt fühlen konnten – wenn nicht gerade eine Hochbahn über sie hinwegrumpelte.

Aus dem zweiten Weltkrieg ging die Oberbaumbrücke stark beschädigt, aber nicht völlig zerstört hervor: Der Mittelteil war weggesprengt worden, man hatte ihn durch eine provisorische Eisenkonstruktion ersetzt. So fuhren auch nach dem Kriege zwischen sowjetischem (Friedrichshain) und amerikanischem (Kreuzberg) Sektor noch Hoch- und Straßenbahnen, bevor mit dem Mauerbau 1961 die Verkehrsverbindungen gekappt wurden. Die Wachturmmetaphorik Otto Stahns hatte jetzt eine zynische Bestätigung erfahren.

Nach der Maueröffnung 1989 war die Brücke wieder frei zugänglich und stand bei den Projekten zur Wiederherstellung

OBERBAUMBRÜCKE 25

25 OBERBAUMBRÜCKE

der Verbindung der beiden Stadthälften natürlich ganz oben auf der Prioritätenliste. Die Kreuzberger Szene allerdings, die sich im Schatten der Mauer eingerichtet hatte, fürchtete um ihre Lebensqualität und ließ nichts unversucht, die Wiederöffnung der Oberbaumbrücke für den wachsenden Straßenverkehr zu verhindern. Vergeblich.

Die Konstrukteure entschieden sich für eine ergänzende Wiederherstellung der Brücke anstelle einer Totalkopie. Beim Hochbahnviadukt wurde die hinter der Backsteinverkleidung verborgene alte Konstruktion ersetzt und verstärkt. Im darunterliegenden Arkadengang wird sie als Stahlrahmen sichtbar. Die Türme wurden originalgetreu ergänzt. Man verwendete dabei neben neuem, aber historisch gleichartigen Material auch aus der Spree geborgene Fundstücke. Ganz anders verfuhren die Konstrukteure bei der Schließung des fehlenden Mittelstücks der Oberbaumbrücke. Hier wurde in die Lücke eine kühn geschwungene Stahlkonstruktion gesetzt. Diese Brücke in der Brücke setzt somit einen zeitgemäßen Kontrapunkt zum neogotischen Stil der ursprünglichen Konstruktion.

So zeigt das Bauwerk heute ein beispielhaftes Spektrum konstruktiver und denkmalpflegerischer Lösungen für die Wiederherstellung und Restaurierung eines Zweckbaus. Sowohl die Ergänzung verlorener Bauteile in historischer Form als auch die sichtbare Neukonstruktion, die einen bewußten Kontrast zur Altsubstanz setzt, lassen sich an der Oberbaumbrücke ablesen.

Kreuzberg und Friedrichshain

U-Bahn	Schlesisches Tor
	U1, U15
S-Bahn	Warschauer Straße
	S3, S5, S6, S7, S75, S9

Großer
Müggelsee

Spreetunnel

Bölschestr. **33**

32

Dahme
Spree
Lindenstr.
Bahnhofstr.
Müggelheimer Damm
Wendenschloßstr.
Friedrichshagener Str.
Müggelspree
Müggelseedamm
Fürstenwalder Damm
Schöneicher Str.

N

Fabrikgebäude der Knorr-Bremse in der „Victoriastadt"

Im Bezirk Lichtenberg bilden mehrere Bahnlinien, die sich am Bahnhof Ostkreuz treffen, eine „Insel". Dieses Areal, das auf dem Gebiet der ehemaligen Gemeinde Boxhagen-Rummelsburg liegt, ist unter dem Namen Victoriastadt bekannt.

In den Jahren unmittelbar nach dem Deutsch-Französischen Krieg 1870-71 entstand im Zuge der zunehmenden Industrialisierung Berlins und der damit einhergehenden, über die Stadtgrenzen hinausdrängenden Expansion die „Colonie Victoriastadt". Sie lag in der zum Landkreis Niederbarnim gehörenden Gemeinde Boxhagen-Rummelsburg auf Rummelsburger Gelände, also östlich der späteren Ringbahn. Wesentlicher Grund für die stürmische Entwicklung Boxhagen-Rummelsburgs waren die günstige Lage an der Oberspree sowie die 1842 in Betrieb genommenen Bahnlinien nach Frankfurt/ Oder und die Niederschlesisch-Märkische Eisenbahn.

Die Anfang des Jahrhunderts expandierende Victoriastadt erhielt in den Jahren von 1922 bis 1927 mit dem monumentalen Gebäudekomplex der Knorr-Bremse AG ihr Wahrzeichen. Dieser Erweiterungsbau diente als Produktionsstätte und wurde damals durch einen die Bahntrasse unterquerenden Tunnel direkt mit dem in den Jahren 1913 bis 1916 errichteten Stammsitz der Knorr-Bremse AG in der Neuen Bahnhofstraße im Stadtbezirk Friedrichshain verbunden. Diese Bauten – von dem schwedischen Architekten Alfred Grenander entworfen und unter seiner Leitung erbaut – zählen zu den bedeutendsten Berliner Industriebauten der 20er Jahre.

FABRIKGEBÄUDE DER KNORR-BREMSE 26

26 FABRIKGEBÄUDE DER KNORR-BREMSE

Sowohl der Gebäudekomplex Hirschberger Straße als auch das Gebäude in der Neuen Bahnhofstraße wurden nach Plänen des Architekturbüros J.S.K. Dipl. Ing. Architekten in den Jahren 1991 bis 1994 bzw. 1993 bis 1995 aufwendig saniert und restauriert, jeweils durch einen neugebauten Gebäudeabschnitt ergänzt und durch Umbau als moderne Bürogebäude einer neuen Nutzung zugeführt.

Die Victoriastadt ist ein kompaktes Gebiet großstädtischen Mietwohnungsbaus der Kaiserzeit und als solches komplett erhalten. Die „Insel" birgt unter den Wohngebäuden für eine überwiegend proletarische Bevölkerung auch eine baugeschichtliche Rarität, die ältesten Gußbetonhäuser Berlins, die hier in den Gründerjahren vor 1875 in Produktion gingen. In der Victoriastadt zeigen die verschiedenen baulichen Entwicklungsetappen in kurzer Abfolge die sprunghafte Entwicklung vom ehemaligen Gutsbezirk Boxhagen über einen Ortsteil der Stadt Lichtenberg bis zum Ortsteil von Groß-Berlin. Sie steht als Beispiel für großstädtische Stadtentwicklung und erfährt deshalb die besondere Fürsorge der Denkmalpfleger. Heute bildet das geschlossene Mietshausensemble beiderseits der Pfarrstraße das historische Rückgrat des Quartiers.

Lichtenberg, Ortsteil Boxhagen Rummelsburg
Hirschberger Straße/ Neue Bahnhofsstraße
Gußbetonhäuser: Spittastraße 40, 28/30, Nöldnerstraße 19 und Türrschmidtstraße 17

S-Bahn   Ostkreuz
           S3, S4, S5, S6, S7, S75, S8, S9, S10

Sowjetisches Ehrenmal Schönholzer Heide

Neben der ausgedehnten Anlage im Treptower Park und dem an der Straße des 17. Juni, nahe dem Brandenburger Tor gelegenen Ehrenmal findet sich in Berlin noch ein drittes monumentales sowjetisches Ehrenmal. Von diesem Ehrenmal im Volkspark Schönholzer Heide aber wissen selbst manche Berliner nichts.

Vielleicht liegt das daran, daß die Schönholzer Anlage stärker als die anderen Ehrenmale den Charakter einer Gedenkstätte trägt. Die Verherrlichung der siegreichen Roten Armee tritt hier zurück hinter die Mahnung zum Frieden und hinter die Erinnerung an die Gefallenen. Mehr als 13 200 Rotarmisten sind in Schönholz bestattet.

Besucher, die vom Vorplatz über eine Lindenalle zum Ehrenhain gelangen wollen, gehen zunächst zwischen den beiden Granitsäulen hindurch, die Schalen mit einer „ewigen Flamme" aus Bronze tragen. Zu beiden Seiten des Haupteingangs erheben sich Türme aus rotem Granit. Die seitlichen Bronzereliefs stellen das kämpfende und das trauernde Sowjetvolk dar. Auf dem Weg in den Innenbereich der Anlage liest der Besucher an den Ecktürmen die Inschrift: „Entblößt das Haupt! Hier sind sowjetische Soldaten, Helden des Großen Vaterländischen Krieges zur ewigen Ruhe gebettet. Sie gaben ihr Leben für Eure Zukunft." Mittelpunkt der Anlage ist ein Obelisk, der sich im Zentrum des Ehrenhains erhebt. Zu seinen Füßen findet sich das Hauptdenkmal: Die Russische Mutter Erde, die ihren gefallenen Sohn betrauert. Diese Plastik erinnert stark an eine christliche Pietà.

27 SOWJETISCHES EHRENMAL SCHÖNHOLZER HEIDE

SOWJETISCHES EHRENMAL SCHÖNHOLZER HEIDE — 27

Die Materialien für die im Mai 1947 begonnene Anlage holte man zunächst aus der Hitlerschen Reichskanzlei, dann aus vielen halbzerstörten Amtsgebäuden und Villen sowie schließlich aus einem Steinlager östlich der Oder, das für den Bau eines gigantischen nationalsozialistischen Siegesdenkmals angelegt worden war. Ein Material-Recycling, bei dem sich die sowjetischen Baumeister ebenso von Pragmatismus wie vom Symbolgehalt leiten ließen.

Heute ist auch das Ehrenmal in der Schönholzer Heide Gegenstand einer unwürdigen Diskussion zwischen dem Bund und dem Land Berlin geworden, wer für die anstehende Sanierung aufzukommen hat. Wie dringend sie ist, zeigt sich selbst dem Laien auf den ersten Blick, überall rankt Unkraut aus den Fugen. Die Finanzierungsfrage hat längst eine außenpolitische Dimension erreicht. So hat der mächtige Veteranenausschuß der Russischen Staatsduma unlängst beim Deutschen Bundestag mehr Respekt vor den Gefallenen eingefordert. Der Instandsetzung der sowjetischen Ehrenmale käme also demnach auch eine stabilisierende Wirkung der deutsch-russischen Beziehungen zu.

Pankow, im nordwestlichen Teil des
Volksparks Schönholzer Heide

S-Bahn   Wilhelmsruh
            S2, S1

Bus   Ehrenmal Schönholz
            155
            Eisenblätterweg
            155

Jüdischer Friedhof Weißensee

Einen Einblick in die jüdische Geschichte Berlins kann man in Weißensee bekommen. Der dortige jüdische Friedhof ist Begräbnisplatz, Denkmal und zugleich Mahnung an das dunkelste Kapitel deutscher Geschichte.

Der 1880 eröffnete Friedhof ist 40 Hektar groß und mit 115 000 Beisetzungen der größte jüdische Friedhof Westeuropas. An dem Friedhof läßt sich die Sozialgeschichte der preußischen Juden im 19. Jahrhundert ablesen. Es war auch eine Geschichte der Emanzipation und des sozialen Aufstiegs: Während zu Anfang des Jahrhunderts die meisten Juden noch am Rande des Existenzminimums leben mußten, bildete sich bis zum Ende des Jahrhunderts eine Schicht jüdischen Bürgertums, ja Großbürgertums aus namhaften Akademikern, Unternehmern und Kaufleuten.

Die historische Bedeutung der jüdischen Kultur für das Geistes- und Geschäftsleben der deutschen Hauptstadt belegt der Friedhof in Weißensee in eindrucksvoller Weise. Für die alten jüdischen Friedhöfe galt die Vorschrift einer gleichen Höhe aller Grabsteine. Dadurch sollte das Nivellieren irdischer Unterschiede nach dem Tode symbolisiert werden. Ganz im Gegensatz zu dieser Bescheidenheit und Geschlossenheit, der sich die Einzelgrabsteine auf fast allen jüdischen Friedhöfen der Welt unterordnen, stehen den einfachen Steinen oder Gedenktafeln, die der Tradition jüdischer Grabgestaltung entsprechen, in Weißensee sehr repräsentative Grabanlagen gegenüber. Vergleichbar dem Stil und Aufwand christlicher Friedhöfe um die Jahrhundertwende, entfalten die Wandarchitekturen und Mausoleen auch hier eine

JÜDISCHER FRIEDHOF WEISSENSEE 28

außergewöhnliche Pracht. Besonders die stattlichen Erbbegräbnisstätten der „Neureichen" aber riefen schon zu ihrer Zeit die Kritik sowohl der frommen Glaubensgenossen, die in dem architektonischen Aufwand eine Verletzung der religiösen Regeln sahen, hervor, als auch die der kunstsinnigen Friedhofsbesucher.

Man betritt das Gelände durch eine kunstvolle schmiedeeiserne Pforte und dann durch einen aus gelben Ziegeln erbauten Eingangsbereich mit der Trauerhalle. Auf dem Eingangsrondell erinnert eine Gedenkanlage an die von 1933 bis 1945 Ermordeten und an die großen Konzentrationslager, in denen Juden umgebracht wurden. Am Eingang informiert eine Übersichtstafel über die Lage einzelner wichtiger Gräber. Die Besonderheit eines jüdischen Friedhofs ist die Unverletzbarkeit des Grabes. Daher sind viele sehr alte Grabsteine erhalten, so auch jener für Louis Grünbaum, der hier als erster Toter am 22. September 1880 beigesetzt wurde.

Wen von den zahllosen Prominenten, die hier ihre letzte Ruhe fanden, soll man erwähnen? Den Philosophen Hermann Cohen (gest. 1918), den impressionistischen Maler Lesser Ury (gest. 1931), den Journalisten Theodor Wolff (gest. 1943) oder den Physiker Eugen Goldstein (gest. 1930)? Oder aber die Kaufhauskönige Herrmann Tietz (gest. 1907) – Hertie – und Adolf Jandorf (gest. 1931) – KaDeWe?

Weißensee, Herbert-Baum-Straße
Beim Besuch des Jüdischen Friedhofs sind männliche Besucher gehalten, eine Kopfbedeckung zu tragen.

Tram   Antonplatz oder Albertinenstraße
                 2, 3, 4, 13, 23, 24

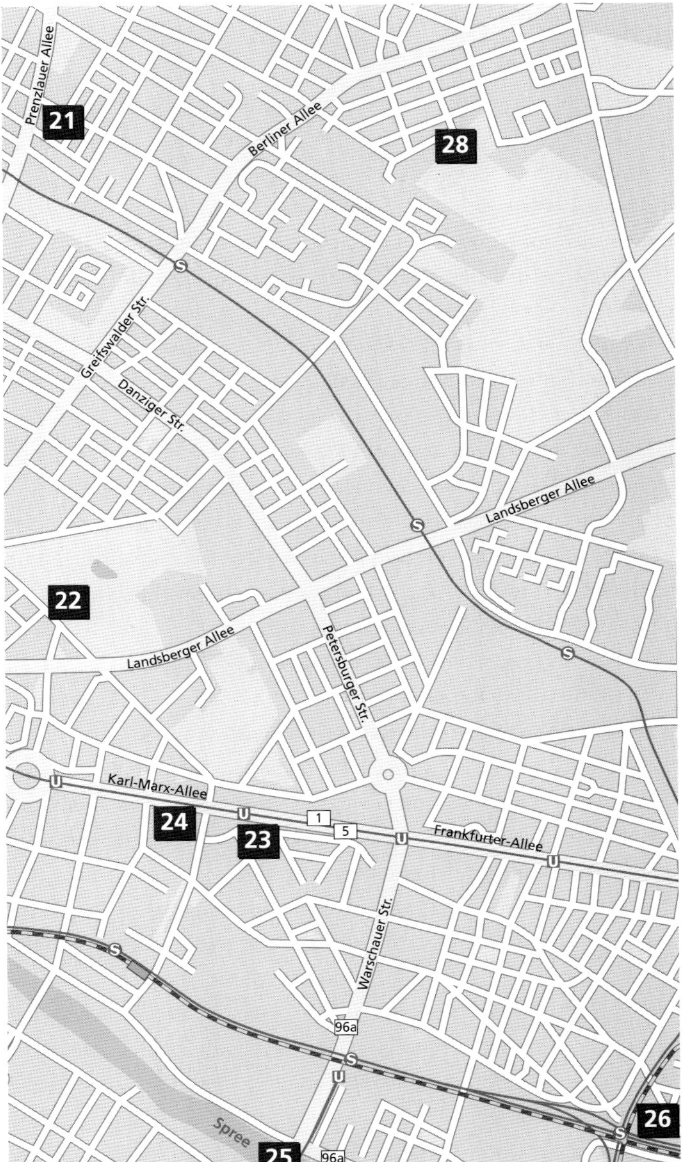
Prenzlauer Allee
21
Berliner Allee
28
Greifswalder Str.
Danziger Str.
Landsberger Allee
22
Landsberger Allee
Petersburger Str.
Karl-Marx-Allee
24
1
5
23
Frankfurter-Allee
Warschauer Str.
96a
Spree
25
96a
26

Klinikum Buch

Am äußersten Stadtrand Berlins findet man auf einem 160 Hektar großen Gelände eine kleine Stadt für sich, das als Krankenhausstadt und Genesungsstätte errichtete Klinikum, am Rande des Schloßparks Buch.

Auf einem 1898 von der Stadt Berlin erworbenen Gutsgelände entstanden zwischen 1899 und 1929 nach Plänen des Berliner Architekten und Stadtbaurates Ludwig Hoffmann fünf große, teilweise weitverzweigte Krankenhaus-Komplexe. Die Anlage mit insgesamt 116 Gebäuden zählte damals europaweit zu den modernsten und vorbildlichsten ihrer Art. Hoffmann wählte für den größten Teil der Anlagen den Stil einfacher Landhausarchitektur und bezog die Landschaft und große Gartenanlagen harmonisch mit ein. Die Baugruppen sind überwiegend im sogenannten Pavillonsystem mit freistehenden Einzelhäusern symmetrisch komponiert. Die Häuser sind zweckmäßig gestaltet und tragen plastischen Schmuck, der von verschiedenen Berliner Künstlern gestaltet wurde. Hoffmann selbst schrieb den Bau- und Gartenanlagen gewissermaßen therapeutische Wirkung zu. Er begriff Architektur und Natur als Arzt und Krankenhelfer im Genesungsprozeß.

Das in den Jahren 1912 bis 1914 erbaute „Genesungsheim", der größte der fünf Komplexe und ursprünglich für die Unterbringung von 2 000 Nervenkranken gedacht, zählt zu den reifsten Arbeiten Hoffmanns. 30 überwiegend zweigeschossige Gebäude sind zu einer regelmäßigen, übersichtlichen Anlage gruppiert, verbunden durch Alleen und umgeben von Gärten und weiten Grünanlagen. Die mit Walmdächern versehenen Häuser wurden in ihren Proportionen ausgezeichnet aufeinander abgestimmt und die verputzten Fassaden bewußt einfach gehal-

KLINIKUM BUCH 29

29 KLINIKUM BUCH

ten. Nur das Hauptgebäude und das Gesellschaftshaus heben sich davon durch ihre reichere architektonische Komposition mit Pilastern, Säulen und Giebeldreiecken ab.

Die Entwicklung, die der Baumeister und die Wohlfahrtsarchitektur des Klinikums Buch in einer Generation genommen haben, verdeutlicht ein Besuch der älteren und malerisch gegliederten Baugruppen des Hufeland-Krankenhauses an der Karower Straße und des „Alteleuteheimes" an der Zepernicker Straße. Die später „Waldhaus" genannte Lungenheilstätte Buch geht auf die Jahre 1901 bis 1906 zurück. Als letzte Anlage ist zwischen 1914 und 1928 das Tuberkulose-Krankenhaus nördlich des Hauptkomplexes im Bucher Forst entstanden.

Nach dem Zweiten Weltkrieg sind einige historische Gebäude umgebaut worden. Das denkmalgeschützte Ensemble wurde aber nur um einige wenige Neubauten ergänzt, so daß heute noch der Gesamteindruck dieser beispielhaften „Krankenstadt" erhalten ist.

Hufeland-Krankenhaus,
Karower Straße 11

Pankow, Ortsteil Buch, Alt-Buch

S-Bahn	Buch
	S4
Bus	Buch
	150, 151, 158, 159, 251, 891, 892, 899

Park des Schlosses Biesdorf

In Biesdorf, am östlichen Stadtrand Berlins, kann man sich als Spaziergänger heute um hundert Jahre zurückversetzt fühlen: Der Park des Schlosses Biesdorf erstrahlt nicht nur wieder im Glanz der Jahrhundertwende, er verströmt auch die Atmosphäre dieser Epoche.

Schloß und Park Biesdorf stellen ein bedeutendes Denkmalensemble der Architektur und Gartenkunst des späten 19. Jahrhunderts dar. Die 1868 von dem Architekten Heino Schmieden für Hans von Rüxleben auf dessen Rittergut Biesdorf errichtete klassizistische Turmvilla mit Säulenhalle, Balkonen und angegliederten Pergolen – heute als Schloß Biesdorf bekannt – ging 1889 in den Besitz des Industriellen Werner von Siemens über. Schon nach ein paar Jahren übernahm sein Sohn Wilhelm den Bau und ließ einen 14 Hektar großen Schloßpark anlegen. Die Entwürfe stammten von dem späteren Stadtgartendirektor von Berlin, Albert Brodersen. Er gestaltete den Park zwischen 1891 und 1905 im Stil eines klassischen Landschaftsgartens.

Von der Schloßterrasse bestanden Blickbeziehungen zu einem „Pleasureground", einem Blumengarten, zum Eiskeller mit Freitreppe und Aussichtsplateau sowie zum Schloßteich mit Fontäne. Deutlich erkennbar sind die von Brodersen angestrebte Verbindung zwischen Haus und Garten, das abwechslungsreiche Geländerelief und die großen, von wenigen einzeln stehenden Solitär-Bäumen und Baumgruppen besetzten Rasenflächen. Um die Jahrhundertwende wurden auf diesen Flächen Koniferen, ausgefallene Laubbaumarten, Hochstammrosen und exotische Pflanzen wie Bananen und Palmen gepflanzt.

30 PARK DES SCHLOSSES BIESDORF

PARK DES SCHLOSSES BIESDORF 30

Aufgrund von Kriegsschäden des Zweiten Weltkrieges und der zu DDR-Zeiten durchgeführten Umwandlung zu einem Volkspark büßte die Anlage ihren Charakter weitgehend ein. Heute aber zeigt sich der Park nach umfangreichen Restaurierungsmaßnahmen weitgehend wieder im Originalzustand. Als besondere Attraktion laden der wiederaufgebaute Tee-Pavillon und ein Lesegarten anstelle der ehemaligen Tennisplätze zum Verweilen ein. Nur die 800 Plätze umfassende Freilichtbühne von 1958 erinnert noch an die Nutzung als Volkspark. Ebenfalls saniert, dient sie auch weiterhin als stilvoller Aufführungsort für Sommerkonzerte.

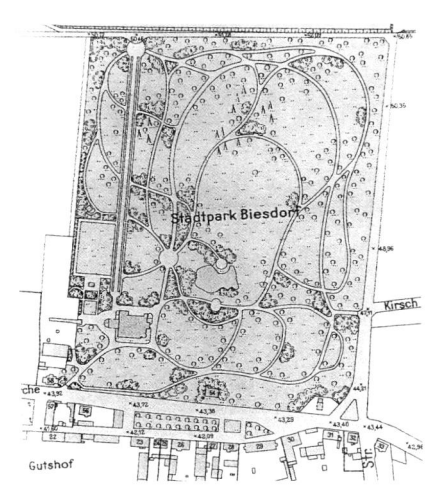

Stadtpark Biesdorf, Ausschnitt aus einem Plan von 1931

Marzahn, Ortsteil Biesdorf, Alt-Biesdorf 55

U-Bahn	Elsterwerdaer Platz
	U5
S-Bahn	Biesdorf
	S5

109

31 GUTSPARK MAHLSDORF

Gutspark Mahlsdorf

An der ehemaligen Handelsstraße Berlin-Frankfurt/Oder liegt seit mindestens 1345 – damals wurde es erstmals erwähnt – das Gut Mahlsdorf. Von der langen, wechselvollen Geschichte des Gutes soll hier nur die jüngere Geschichte interessieren, die begann, als der ehemalige Gutsadministrator Hermann Schrobsdorf das Gutshaus Mahlsdorf aus dem späten 18. Jahrhundert mit dem zugehörigen Park erwarb.

Schrobsdorf ließ in den Jahren von 1880 bis zu seinem Tode 1892 den südlich des Gutshauses gelegenen Garten in einen Landschaftsgarten im Stile der Zeit umgestalten. Historische Pläne geben Aufschluß über den damaligen Zustand: Am Fuße der aus dem Gartensaal des Gutshauses führenden Freitreppe schloß sich ein kleiner Pleasureground – ein Blumengarten – an, in dessen Rasenflächen fünf kreisförmige Blumenbeete angeordnet waren, bepflanzt mit den damals so beliebten Hochstammrosen. Solitärbäume und Sträucher rahmten diesen Blumengarten seitlich ein. In Pflanzbeeten, als Begrenzung zum westlich gelegenen Küchengarten, standen zwischen Laubbäumen Duftschneeball, Scheinquitte und – gleichfalls eine Modepflanze der Jahrhundertwende – Magnolien. Als im Jahr 1906 der Ort Mahlsdorf eine zentrale Wasserversorgung erhielt, war das für die Gutsherrin Renate Schrobsdorf der Anlaß, einen Springbrunnen inmitten der Rasenfläche anlegen zu lassen.

Ein Rundweg umgab diesen wohlgepflegten Blumengarten und trennte ihn vom Landschaftsgarten mit seinen weiten Wiesenflächen. Bäume und Strauchgruppen sorgten für Farbe, Licht und Schatten. Durch eine kulissenartige Bepflanzung schuf man verschiedenartige Raumbilder. Ruheplätze luden zum Verweilen ein, Blickachsen ließen den Park in seiner Tiefe erlebbar werden.

GUTSPARK MAHLSDORF 31

31 GUTSPARK MAHLSDORF

Der Niedergang von Gut Mahlsdorf begann 1920, als die gesamte Anlage an die Stadt Berlin verkauft wurde. Das Gutshaus mußte im Laufe der Jahre mehrere Umbauten über sich ergehen lassen, wobei es auch seine Freitreppe einbüßte. Nachdem die Anlage als Säuglingsheim, Schule und Kindergarten gedient hatte, stand sie seit 1958 leer und war mit Haus und Gutspark dem Verfall preisgegeben. Charlotte von Mahlsdorf, die in Eigeninitiative und auf eigene Kosten die notwendigsten Reparaturen am Haus durchführte, ist es zu verdanken, daß das historische Gebäude als „Gründerzeit-Museum" überlebte.

Gleich nach der Wende entstand die Idee und der Wunsch, den „ausgeräumten" und seiner alten Schönheit beraubten Gutsgarten wiederauferstehen zu lassen. Als denkmalpflegerische Orientierung dienten die erhaltenen Pläne und Beschreibungen, aber auch historische Fotos von 1910. Tatsächlich gelang es, den Garten in der historischen Form wiederherzustellen. Nach dem Anlegen des historischen Wegesystems, dem Anpflanzen artenreicher Wiesenflächen und der Gestaltung der ehemaligen Raumbilder durch Nachpflanzen von Bäumen und Ziersträuchern zeigen sich Gutshaus und Gutspark Mahlsdorf heute als eines der wenigen Zeugnisse alter märkischer Guts- und Gartenkultur. Zugleich leistet das Ensemble einen Kulturbeitrag für den mit Bau- und Gartendenkmälern nicht gerade verwöhnten Plattenbaubezirk Hellersdorf.

Hellersdorf Ortsteil Mahlsdorf, Hultschiner Damm 333
Gründerzeit-Museum geöffnet Mi und So von 10.00-18.00 Uhr
S-Bahn   Mahlsdorf
           S5
Tram   Alt-Mahlsdorf
           62

Andersonsches Palais am Rathaus Köpenick

Bei einem Bummel durch die Altstadt von Köpenick fallen dem Kundigen historische Bauten aus unterschiedlichen Epochen ins Auge. Das wohl bedeutendste Haus aus der Barockzeit, das in diesem Architekturensemble die Zeit überdauert hat, liegt ganz in der Nähe des Rathauses, das sogenannte Andersonsche Palais in der Straße Alt Köpenick 15.

Mehr als doppelt so alt wie das um die Jahrhundertwende erbaute Rathaus ist das vermutlich im Jahre 1770 errichtete Andersonsche Palais, eines der wenigen Gebäude, die in der Altstadt vor dem 19. Jahrhundert schon massiv gebaut wurden. Dies bedeutete für das Bauen bei sumpfigen Bodenverhältnissen eine wesentliche Neuerung. Der im Obergeschoß nahezu vollständig erhaltene Grundriß gibt ein Beispiel für das Wohnen einer höhergestellten Person. Wer diese höhergestellte Person war, ist nicht ganz klar. Ursprünglich hatte man vermutet, daß Benjamin de Sait-Aubin, der Hofprediger der Prinzessin Henriette Maria von Württemberg-Teck, die ihren Witwensitz im Schloß Köpenick hatte, sich das Palais hatte bauen lassen. Seine Verbindung zur Hofgesellschaft würde den architektonischen Anspruch des Hauses erklären. Nach jüngst gefundenen Unterlagen aber verkaufte de Sait-Aubin das Baugrundstück 1762 an einen Hofrat Michael Daniel Ludwig Schneider. Seitdem wird davon ausgegangen, daß Schneider der Bauherr war.

Wie auch immer, der vergleichsweise stattliche Putzbau hat trotz der vielfältigen Nutzung seine ursprüngliche Form weitgehend bewahrt. Das Palais ist ein zweigeschossiger Bau mit Mansardendach. Die in Anlehnung an das friderizianische Roko-

32 ANDERSONSCHES PALAIS AM RATHAUS KÖPENICK

ko gestaltete Fassade mit einer barock geschwungenen Portalrahmung blieb ebenso erhalten wie die gewundene Treppenanlage mit ovalem Mittelpunkt und Rokokogeländer. Diese aufwendige Treppenkonstruktion ist vermutlich von Köpenicker Handwerkern ausgeführt, aber nach Potsdamer und Berliner Vorbildern entworfen.

Die Restaurierung im Rahmen des Programms „Städtebaulicher Denkmalschutz" hat es ermöglicht, die Besonderheiten des Gebäudes zu bewahren.

Köpenick, Alt Köpenick 15

S-Bahn	Köpenick S3
Tram	Schloßplatz 60, 68 Freiheit 26, 62, 67
Bus	Schloßplatz 167, 360

33 BÖLSCHESTRASSE IN KÖPENICK/FRIEDRICHSHAGEN

Bölschestraße in Köpenick/Friedrichshagen

Wenn schon die Köpenicker sich nicht als Berliner verstehen, dann die Friedrichshagener erst recht nicht. Der grüne Vorort am Müggelsee konnte sich seinen kleinstädtischen Charme bis heute bewahren. Das zeigt sich besonders deutlich in der Hauptstraße des Ortes, der Bölschestraße.

Die nach dem Schriftsteller Wilhelm Bölsche, der lange in Friedrichshagen gelebt hat, benannte Straße führt als gerade Linie vom Bahnhof Friedrichshagen zum Müggelsee. Sie stellt in ihren gut 2 000 Metern ein schon zu DDR-Zeiten unter Schutz gestelltes Stadtensemble dar. Die ungewöhnliche Mischung aus Dorfanger und Großstadtboulevard wird gesäumt von Linden; in der Mitte der breiten Straße fährt die Straßenbahn. Zu Zeiten von Ulbricht und Honecker hielt die Bölschestraße, die auch nie zugunsten eines Sozialisten ihren Namen wechselte, am bürgerlichen Stil fest.

Hier gab es so viele Gaststätten und Kneipen wie sonst an keiner der damit zumeist unterversorgten Bummelmeilen Ost-Berlins. Der größte Teil von ihnen wurde privat geführt, wie auch viele der Läden in der Bölschestraße.

Die Straße geht wie der ganze Ort Friedrichshagen auf die Siedlungspolitik Friedrichs II. zurück. Der Name Friedrichshagen erinnert ja daran. Seit 1753 wurde die Siedlungskonzeption planmäßig umgesetzt. Die Parzellierung, die Baufluchten und die Platzanlage sind bis heute unverändert erhalten. Von den 50 Kolonistenhäusern, die nach einheitlichem Plan in einfacher Fachwerkbauweise mit Strohdach errichtet wurden, geben nur noch Spuren Auskunft.

BÖLSCHESTRASSE IN KÖPENICK/FRIEDRICHSHAGEN 33

33 BÖLSCHESTRASSE IN KÖPENICK/FRIEDRICHSHAGEN

Ende des letzten Jahrhunderts begann man mit dem Bau mehrgeschossiger Wohn- und Geschäftshäuser, auch die auf einem Platz in der Mitte der Bölschestraße gelegene Kirche und das Rathaus stammen aus dieser Zeit. Schon vorher hatten viele Kolonistenhäuser zweigeschossigen Bauten weichen müssen.

Heute zeigt sich die Bölschestraße als Ergebnis intensiver Restaurierungs- und Sanierungsbemühungen in historischer Schönheit – aber ohne zum Architekturmuseum degradiert zu sein.

Köpenick, Ortsteil Friedrichshagen

Über die gesamte Länge der Bölschestraße führen die Tramlinien 60 und 61. Wer die Bölschestraße bis zum Müggelsee hinuntergebummelt ist, sollte auf keinen Fall versäumen, noch ein weiteres unbekanntes Kulturdenkmal kennenzulernen: Der Spreetunnel, ein Fußgängertunnel, der die Müggelspree am Zugang zum Müggelsee quert, ist ein historischer Senktunnel.
Er wurde aus vorgefertigten Betonelementen schwimmend auf dem Müggelsee zusammengebaut und dann an der heutigen Stelle versenkt. Informationstafeln erläutern das Verfahren und das Bauwerk.

S-Bahn   Friedrichshagen
                S3

Archenhold-Sternwarte

Weit in den Himmel über dem Treptower Park ragt ein Riesenfernrohr. Es weist den Weg zu der Archenhold Sternwarte.

Ihren Namen trägt die Sternwarte seit 1946 nach dem Begründer Friedrich Simon Archenhold, der sich schon 1891 für den Bau einer Sternwarte eingesetzt hatte. Bei der Gewerbeausstellung im Jahre 1896 war das Riesenfernrohr erstmals im Freien zu sehen. Das 130 Tonnen schwere Fernrohr ist bis heute das größte Linsenfernrohr der Welt. Es hat eine Länge – also eine Brennweite – von 21 Metern und einen Linsendurchmesser von 68 Zentimetern, und es ist 130 Tonnen schwer.

Die Sternwarte selbst wurde 1909 nach Plänen der Baumeister Konrad Reimer und Friedrich Körte errichtet. Unter der Leitung des Astronomen Archenhold entwickelte sie sich zu einer echten Bildungsstätte. So bedeutende Wissenschaftler wie Alfred Wegener und Roald Amundsen, die Polarforscher, sowie Albert Einstein hielten dort Vorträge. Im Jahre 1931 übernahm Günter Archenhold anstelle seines Vaters die Leitung der Sternwarte – bis er 1936 mit seiner Familie vor den Nazis fliehen mußte.

Am Ende des Zweiten Weltkrieges war die Sternwarte stark zerstört. Nach Aufräumungs- und provisorischen Ausbesserungsarbeiten konnte sie aber schon 1946 wiedereröffnet werden. Das Riesenfernrohr wurde später restauriert und teilweise rekonstruiert, so daß es bis heute als Zeugnis der Technikgeschichte erhalten ist. Es gilt als ein bedeutendes Schauobjekt und wissenschaftlich-technisches Denkmal.

Seit 1970 ist in der Archenhold-Sternwarte auch ein Planetarium eingerichtet. Während der Führungen wird das Pla-

34 ARCHENHOLD-STERNWARTE

ARCHENHOLD-STERNWARTE 34

netarium vorgestellt, und das Riesenfernrohr steht für Beobachtungen zur Verfügung – wenn es der Himmel über Berlin zuläßt.

Das 21 Meter lange Riesenfernrohr der Archenhold-Sternwarte – das längste Linsenfernrohr der Welt (erbaut 1896)

Treptow, Alt Treptow 1
Öffnungszeiten: Mi bis So 14.00 bis 16.30 Uhr
Führungen im Zeiss-Kleinplanetarium: Mi 18.00 und
Sa 15.00 Uhr, So 15.00 Uhr Vorführung des Großen
Refraktors in Bewegung.

S-Bahn   Plänterwald
            S6, S8, S9, S10, S85

Bus   Alt-Treptow
            165, 166, 167, 265

Stadtbad Neukölln

Den Körper fit halten und sich gleichzeitig an Kunstwerken erfreuen – das ist im Stadtbad Neukölln möglich.

Das Bad wurde am 10. Mai 1914 eröffnet und nahm für sich in Anspruch, eines der schönsten Europas zu sein. Und genau das ist es auch heute wieder, denn ein besonderer Abschnitt in der Geschichte des Bades ist seine Renovierung. Als im Jahre 1976 festgestellt wurde, daß das Bad renoviert werden mußte, ahnte man noch nicht, was auf die Beteiligten zukommen würde. Die sechsjährige Renovierungszeit ist zugleich die Geschichte denkmalpflegerischer Überzeugungsarbeit. An Kritik wurde in dieser Zeit nicht gespart, und viele hatten ohnehin schon immer dafür plädiert, das Bauwerk abzureißen und ein völlig neues, modernes Schwimmbad zu bauen. Zumal der bevölkerungsreichste Bezirk Berlins nur noch über ein weiteres Schwimmbad verfügte, das in der Gropiusstadt. Als aber am 11. Mai 1984 – zum 70jährigen Jubiläum – das Bad wiedereröffnet wurde, verstummte alle Kritik. Das Bad war trotz der neuzeitlichen Technik, die man eingebaut hatte, in seinem Erscheinungsbild kaum von der Einrichtung des Jahres 1914 zu unterscheiden.

Das beginnt schon bei der marmorverkleideten Eingangshalle, die in ihrer ursprünglichen Großzügigkeit wiederhergestellt wurde. Das Treppenhaus wird durch ein farbig bemaltes Oberlicht erhellt. Das Treppenhaus selbst ist ebenso wie die Gänge im ersten Stock mit ockerfarbigen Stucco lustro, einem marmorähnlichen Innenputz, versehen. Die große Schwimmhalle wird beherrscht von sieben Meter hohen Travertinsäulen. Neben der Beckentreppe aus Naturstein speien bronzene Walrosse wieder Wasser. Vieles wurde nach alten Vorlagen erneuert. Was blieb, aber heute keine praktische Funktion mehr hat, sind die riesigen Messing-Galgen, die über dem

STADTBAD NEUKÖLLN 35

Becken schweben. Ältere Badegäste erklären den Kindern den ursprünglichen Sinn: Sie dienten als Aufhängung zur Sicherung der Schüler beim Schwimmunterricht.

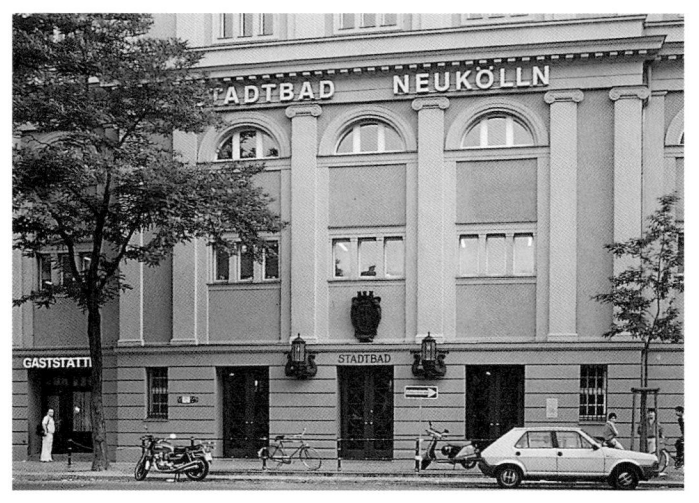

Das Stadtbad Neukölln ist so begeisternd, daß wir es als Titelbild dieses Buches gewählt haben. Es unterscheidet sich heute kaum von der Einrichtung des Jahres 1914

Neukölln, Ganghoferstraße 3-5
Auskunft über die aktuellen Öffnungszeiten
unter Tel. 68 24 98 12

U-Bahn   Rathaus Neukölln
           U7

Bus   Platz der Stadt Hof
           104, 194

Dorfkirche in Britz

Im Neuköllner Ortsteil Britz, dort wo sich der Großstadt- und Mietshausbezirk von seiner idyllischen Seite zeigt, hat sich eine der typischen mittelalterlichen Dorfkirchen erhalten.

Der Feldsteinbau wurde schon im frühen 14. Jahrhundert errichtet, vermutlich um 1310. Es handelt sich um einen schlichten, langgezogenen, rechteckigen Bau von 23 Meter Länge und nur 11 Meter Breite. Die Wände sind ungegliedert und mit kleinen Rundbogenfenstern versehen; die Decke ist als Holzbalkendecke ausgeführt. Die Architekturhistoriker rechnen die Kirche der Frühgotik zu.

Im Jahre 1713 erhielt der Bau einen neuen Dachturm in Fachwerkausführung, 1766 einen Gruftanbau für den Staatsminister Ewald Friedrich von Hertzberg. Dieser Anbau dient seit 1885 als Sakristei. Ein Umbau mit neugotischen Formen erfolgte 1888. Der Turm wurde 1943 beschädigt und kurz darauf vereinfacht wiederhergestellt. In den 50er Jahren erfuhr die Dorfkirche eine gründliche Renovierung und zeigt sich seitdem in der heutigen, am ursprünglichen Zustand orientierten Form.

Bemerkenswert sind auch einige erhalten gebliebene Ausstattungsteile: Die Kirche verfügt über eine Bronzeglocke aus dem 14. Jahrhundert, einen spätgotischen Kelch und eine um 1500 entstandene Taufschale aus Messing. Der Kanzelaltar wurde im Jahre 1720 aufgestellt. Die schönen Glasfenster allerdings sind jüngeren Datums: Sie schmücken den historischen Bau erst seit 1970.

Neukölln Ortsteil Britz, Backbergstraße 40

Bus   Britzer Damm/ Parchimer Allee
144,174

DORFKIRCHE IN BRITZ 36

Rosenkranz-Basilika

Nur wenige Schritte von der hektischen Geschäftigkeit der Schloßstraße findet man in Steglitz in der Kieler Straße ein etwas verborgenes Gotteshaus: die katholische Rosenkranz-Basilika.

In den Jahren 1899 bis 1901 von dem Baumeister Christoph Hehl entworfen, handelt es sich um einen typischen Bau des Späthistorismus in romanischer Stilfassung. Der kreuzförmige Zentralbau orientiert sich an byzantinischen Baumustern mit einer großen Kuppel, einer Hauptaltarnische und mehreren Nebenaltarnischen.

Der Mauerwerksbau, der sich in die umgebende Häuserfront einfügt, wurde aus roten Torgauer Ziegeln im sogenannten Klosterformat, das größer als das übliche Format ist, errichtet. Bei dem dreigeschossigen, im Turm fünfgeschossigen, symmetrischen Fassadenaufbau fallen die Abschlüsse der Turmgeschoßblenden und das Hauptgesims mit ornamentalen Ziegelfriesen auf. Das große überdachte Rundbogenportal, die beiden Nebenportale und der aus der Bauflucht vorspringende Turm sorgen für ein lebhaftes äußeres Erscheinungsbild.

Der Innenraum erhielt von 1911 bis 1914 eine reiche Ausmalung im byzantinisierenden Stil von Friedrich Stummel. Die Altarfiguren und -ornamente stammen aus dem Einweihungsjahr 1901. Damals war das Gotteshaus für 1 780 Besucher vorgesehen. Heute reichen die Sitzplätze – wie bei vielen der inzwischen im Verhältnis zur Größe ihrer Gemeinde überdimensionierten Gotteshäusern – allemal aus.

Steglitz, Kieler Straße 1
U-Bahn   Schloßstraße
         U9

ROSENKRANZ-BASILIKA 37

Wohnhaus des Architekten Gustav Lilienthal im „Ritterburgenviertel" Lichterfelde-West

In dem großbürgerlichen Berliner Vorort Lichterfelde gibt es ein Viertel, das allgemein „Ritterburgenviertel" genannt wird. Der Name erklärt sich schon auf den ersten Blick: Die Architektur vieler Villen erinnert an Burgen. Ein typisches und zudem originalgetreu erhaltenes Beispiel für diesen Baustil stellt das Haus in der Marthastraße 5 dar.

Der Architekt des Hauses war zugleich sein Bewohner: Der bekannte Berliner Baumeister, Flugtechniker, Lebensreformer und Erfinder der Fertigbauweise und des berühmten Anker Baukastens Gustav Lilienthal errichtete es 1893 zusammen mit dem angrenzenden, heute leider stark veränderten Wohnhaus für seine Familie und sich. Der Bau, der mit seiner „Zugbrücke", mit seinen Spitzbogenfenstern, seinen Zinnen und Ecktürmchen ein Beispiel für die unverwechselbare Villenarchitektur Gustav Lilienthals darstellt, mag bei oberflächlicher Betrachtung ein Vertreter des Historismus der Wilhelminischen Zeit sein. Doch ist das Haus, bautechnisch konventionell als verputzter Ziegelbau erstellt, zugleich ein Muster für den Umbruch, hin zu einer neuen Architektur, der beginnenden Moderne. Der an schottische Burgen erinnernde Stil des Hauses ist weniger als rückwärtsgewandte Burgenromantik zu deuten, denn als Anknüpfung an die damalige moderne Entwicklung englischer Architektur. Diese zeichnete sich besonders durch eine geschickte

WOHNHAUS GUSTAV LILIENTHAL 38

38   WOHNHAUS GUSTAV LILIENTHAL

Grundrißentwicklung und eine durchdachte Komposition aller architektonischen Details aus.

Das „Lilienthal-Haus" befindet sich heute, einschließlich der mit einer Holzdecke, Wandschränken und einer Wandverkleidung aus geflochtenen Matten versehenen Diele, noch weitgehend in seinem ursprünglichen Zustand. Sogar die Drahtgittereinfriedung an der Straße hat ein Jahrhundert überstanden und mußte nicht wie anderswo einem der üblichen „Jägerzäune" weichen.

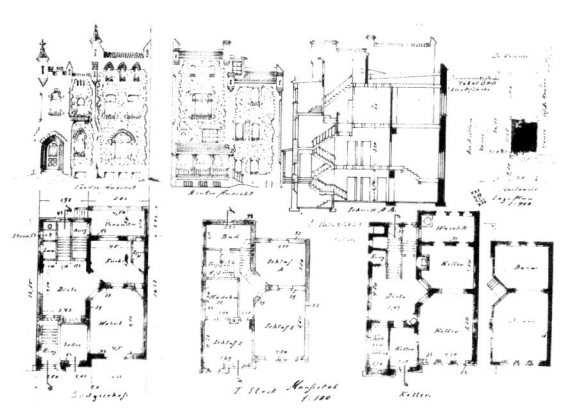

Anknüpfung an englische Architektur:
Bauzeichnung des Wohnhauses

Lichterfelde-West, Bezirk Steglitz, Marthastraße 5

S-Bahn   Lichterfelde West
                 S1

Bus   Baseler Straße
                 283

U-Bahnhof
Heidelberger Platz

Die U-Bahn-Linie 1 fährt zwischen den Stationen Warschauer Straße im alten Arbeiterbezirk Friedrichshain und Krumme Lanke im grünen Zehlendorf.

Die Züge verkehren dabei auf historischen Gleisen: von Warschauer Straße bis Wittenbergplatz auf der sogenannten Stammstrecke, der ersten in Deutschland in Betrieb genommenen U-Bahnstrecke überhaupt, und von Wittenbergplatz an auf einer der sogenannten Ausbaustrecken. Die Stammstrecke wurde 1902 in Betrieb genommen und führte damals von Warschauer Brücke (heute Warschauer Straße) über Bahnhof Zoo bis Knie, dem heutigen Ernst-Reuter-Platz. Es war nach London und Budapest die dritte Untergrundbahn Europas. Allerdings war der Begriff Untergrundbahn – oder Unterpflasterbahn, wie man damals auch sagte – ein wenig Etikettenschwindel, denn auf dem längsten Streckenabschnitt fuhr die Bahn überirdisch, auf einem eisernen Viadukt (von Warschauer Brücke bis Nollendorfplatz). Erst danach verlief die Trasse unter der Erde, da die wohlhabende, großbürgerliche Bevölkerung Charlottenburgs die Unterpflasterbahn für die elegantere Lösung hielt.

Im Jahre 1913 wuchs das U-Bahnnetz mit den Ausbaustrecken enorm an, und es wurden die Weichen für das bis heute bestehende Liniennetz gestellt. Seitdem erfolgten eigentlich nur Verlängerungen der damaligen Streckenführungen. Ebenfalls 1913 wurde der knapp neun Kilometer lange Abschnitt von Wittenbergplatz in Richtung Zehlendorf erweitert. Endstation war zunächst Thielplatz. Fünf Bahnhöfe, die auf dem Gebiet des Bezirkes Wilmersdorf liegen, beeindruckten durch ihre aufwen-

39 U-BAHNHOF HEIDELBERGER PLATZ

dige Gestaltung - und tun dies bis heute. Diese Gestaltung spiegelt das Repräsentationsbedürfnis der gutsituierten Wilmersdorfer Bevölkerung wider. Alle fünf Bahnhöfe stammen von Wilhelm Leitgebel, der, was Phantasie und Finanzen anging, aus dem Vollen schöpfen konnte. Jeder Bahnhof ist individuell gestaltet und ein Architekturdenkmal für sich, obgleich die einheitliche Handschrift des Künstlers deutlich wird.

Unter den Bahnhöfen fällt die Station Heidelberger Platz wegen ihrer großzügigen Gestaltung besonders auf. Die Anlage liegt tiefer unter Straßenniveau als üblich, da das Gelände aus Moorboden bestand. Ursprünglich besaß die Station zwei äußerst repräsentative Zugänge, die schon von der Straße aus auf die unterirdische Pracht einstimmten. Der Zugang auf der Mittelpromenade der Mecklenburgischen Straße fiel in den 60er Jahren einer Umbaumaßnahme zum Opfer. Statt dieses Eingangs, der deutlich Jugendstileinflüsse aufwies, führen heute schlichte, grau gekachelte Gänge zu einer Vorhalle. Diese Vorhalle aus der originalen Bausubstanz weitet sich zu einem breiten Raum, dessen Wände mit zweifarbiger Kachelung, hellem Putz und Ornamentplatten dekorativ gestaltet sind. Bei dem zweiten U-Bahnzugang blieb die in Granit gearbeitete Ausstattung unverändert. Hohe, von einem Querbalken zusammengefaßte Pfeiler mit zwei abschließenden Pylonen, den wuchtigen Pfosten zu beiden Seiten des Treppenabgangs, bilden eine Pergola. Die Eingangshalle im Zwischengeschoß leitet durch einen langen, geschwungenen Gang den Fahrgast zu einer weiteren Vorhalle, die durch ein verglastes Dach Tageslicht erhält. Ein breiter Mosaikflies mit einer Girlande auf Goldgrund zieht sich unterhalb des Glasdaches entlang.

Die Bahnsteighalle selbst läßt an eine Kathedrale denken. Und die Architekturhistoriker sprechen auch tatsächlich von ihr in der Terminologie aus dem Bereich des Sakralbaus: Die Halle bestehe aus zwei Schiffen, die 14 kreuzgratgewölbte Joche unterteilen. Eine

U-BAHNHOF HEIDELBERGER PLATZ | 39

39 U-BAHNHOF HEIDELBERGER PLATZ

Reihe gedrungener Granitsäulen trägt die Konstruktion. Die Stützen sind mit Kranzkapitellen und unterschiedlichen Tierdarstellungen versehen. Die fast andächtige Stimmung, die der Raum aufkommen läßt, wird durch die großen, schmiedeeisernen, an Ketten befestigten Milchglasleuchten unterstrichen. Man muß es der BVG hoch anrechnen, daß sie den prachtvollen historischen Bau nicht mit den von anderen U-Bahnhöfen bekannten Großplakaten zugeklebt hat. Statt dessen befinden sich auf den einstigen Reklametafeln heute Fotos mit Heidelberg-Motiven.

Ein stimmungsvoller U-Bahnhof: 1911-13 von Wilhelm Leitgebel erbaut

Wilmersdorf, Heidelberger Platz

S-Bahn   Heidelberger Platz
            S4, S45, S46

U-Bahn   Heidelberger Platz
            U1

NAZARETHKIRCHE IN WEDDING

Die alte Nazarethkirche in Wedding am Leopoldplatz

S-Bahnhof Mexikoplatz

Eine der begehrtesten Wohnadressen Berlins ist der Mexikoplatz. Zur architektonischen Identität des Platzes trägt der dortige S-Bahnhof nicht unwesentlich bei.

Dieser Bahnhof ist sicher einer der schönsten Berliner Bahnhöfe. Wie bei vielen der repräsentativen S-Bahnhöfe zeichnete auch hier eine Grundstücksgesellschaft für den Bau verantwortlich. Die noblen Villenviertel am Stadtrand sollten ans Zentrum angeschlossen werden, aber das ästhetische Empfinden der wohlhabenden Klientel durfte nicht durch eine nüchterne Zweckarchitektur gestört werden. Die Architektengruppe Hart und Lesser entwarf den Bahnhof 1904. Sein Empfangsgebäude besteht aus einem Wohntrakt und einem Verkehrs- und Geschäftstrakt. Ihren Namen hat die Bahnstation mehrfach gewechselt: Anfangs hieß sie noch Zehlendorf Beerenstraße, darauf bis etwa 1959 Zehlendorf West, ehe die Reichsbahn sie in Lindenthaler Allee umtaufte. Seit der davorliegende Platz mit den angrenzenden, im Landhausstil gehaltenen Bauten 1987 wiederhergestellt wurde, heißt der Bahnhof Mexikoplatz. Der kapellenartige Kuppelbau der Empfangshalle, die schon in den 70er Jahren renoviert worden war, wurde 1986, als die BVG den S-Bahnbetrieb aufnahm, nochmals gründlich erneuert. Heute präsentiert sich der hochkarätige Jugendstilbau mit seinen geschwungenen Formen auch in Details, wie Geschäftseinbauten, Uhren und Beleuchtung wieder im ursprünglichen Stil.

Zehlendorf, Mexikoplatz

S-Bahn   Mexikoplatz
               S1

S-BAHNHOF MEXIKOPLATZ 40

Garten der Villa der Wannseekonferenz

Am 20. Januar 1942 wurde in einer prachtvollen Villa am Wannsee, die kurz zuvor von der Sicherheitspolizei gekauft worden war, ein dunkles Kapitel deutscher Geschichte geschrieben. Unter Vorsitz von Reinhard Heydrich fand eine Konferenz statt, auf der die „Endlösung" der Judenfrage beschlossen wurde, die später sogenannte Wannseekonferenz.

Nach dem Krieg wurde die geschichtsträchtige Villa als Schullandheim für den Bezirk Neukölln genutzt. Erst 1988 beschloß man, die Wannseevilla in eine Gedenkstätte umzuwandeln. Dieses Vorhaben lenkte den Blick auch auf den Garten der Villa. Der in Struktur und Größe weitgehend erhalten gebliebene Garten entstand 1914; gemeinsam mit der zur gleichen Zeit erbauten Villa. Obwohl räumlich und zeitlich schon außerhalb der Villenkolonie Alsen liegend, entspricht er von seiner Konzeption her doch den Vorgaben der Kolonie Alsen, einer der schönsten und städtebaulich bedeutsamsten Villenkolonien Berlins aus der zweiten Hälfte des 19. Jahrhunderts. Die Nachkriegsnutzung des Objektes hatte Gras nicht nur über seine politische Vergangenheit, sondern auch über zahlreiche gärtnerische Besonderheiten wachsen lassen.

Das gesamte Grundstück war 1987 einschließlich Terrassen, Einfriedung mit Ecksitzplatz und der plastischen Ausstattung als Denkmal eingetragen worden. Als Gartenkunstwerk des frühen 20. Jahrhunderts eingestuft, wurde die Anlage so wiederhergestellt, daß nun die ursprünglichen Gestaltungsprinzipien und wichtige, verlorengegangene Elemente deutlich werden. Durch Auslichtung und Verjüngung des Pflanzenbestandes entstand

GARTEN DER VILLA DER WANNSEEKONFERENZ 41

41 GARTEN DER VILLA DER WANNSEEKONFERENZ

wieder eine artenreiche und mehrschichtige Bepflanzung. Auch alle Ausstattungselemente wie Brunnen, Vasen oder Bänke sind jetzt instandgesetzt und erneuert.

Das konservatorische Interesse richtet sich auch auf die Umgebung des Bau- und Gartendenkmals. Dies gilt insbesondere für die angrenzenden öffentlichen Erholungs- und Waldflächen mit ihrem Wildwuchs an Hütten, Schuppen, Kiosken, Reklametafeln und Bootsstegen, aber auch für die Gestaltung und Bebauung der umgebenden Gärten. Die Interessen der Wassersportler stehen dabei oft genug denen der Denkmalpfleger gegenüber.

Allen Schwierigkeiten zum Trotz stehen die Villa der Wannseekonferenz und der angrenzende Garten heute wieder für Besucher offen.

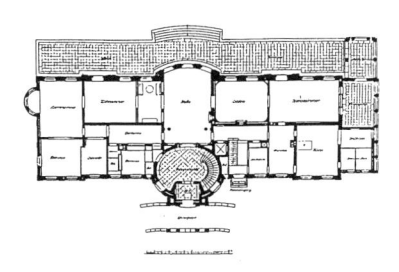

Villa Malier/ Haus der Wannseekonferenz, Grundriß des Erdgeschosses von 1925

Zehlendorf, Ortsteil Wannsee, Am Großen Wannsee 56-58

S-Bahn   Wannsee
              S1, S7, RE1

Bus   Haus der Wannsee-Konferenz
              114
oder 20 Minuten Fußweg (sehr schöne Strecke)

Pleasureground im Schloßpark Klein-Glienicke

Die Potsdamer Kulturlandschaft ist in ihrer Gesamtheit von der UNESCO zum Weltkulturerbe erklärt worden. Diese Kulturlandschaft orientiert sich natürlich nicht an heutigen Stadtgrenzen, und so liegt auch ein wesentlicher Teil von ihr auf Berliner Gebiet.

Diese im äußersten südwestlichen Zipfel der Stadt gelegene Parklandschaft ist untrennbar mit der mehrhundertjährigen Entwicklungsgeschichte der Garten- und Baukunst Potsdams verbunden. Der Pleasureground – der aus der englischen Gartenkunst entlehnte Begriff meinte ursprünglich nur einen Blumengarten, steht aber für ein kunstvoll durchdachtes gärtnerisch komponiertes Naturensemble – gilt als das früheste und bedeutendste Beispiel des klassizistischen Landschaftsgartens in Preußen. Von Peter Josef Lenné bereits 1816 im Entwurf festgelegt, stellt er ein den Geist des Klassizismus und der Romantik widerspiegelndes Gesamtkunstwerk dar. Der 1850 erreichte und später nicht mehr wesentlich veränderte Zustand galt den Gartendenkmalpflegern als Grundlage für die Wiederherstellung der Anlage. Nach vielen Jahren zeigt sich der Pleasureground heute in einem Zustand, der dem ursprünglichen sehr nahe kommt.

Das Anliegen war vor allem, die je nach Standort wechselnden Sichtbeziehungen und Fernsichten in die Havellandschaft und nach Potsdam wiederherzustellen. Das ursprüngliche Wegenetz hat man mit neuen, dem damaligen Zustand entsprechenden Ausblicken und Höhensituationen wiederbelebt. Außerdem wurde die Anlage als Einheit aus Architektur und Garten zurückgewonnen, indem ursprüngliche Gestaltungselemen-

42 PLEASUREGROUND IM SCHLOSSPARK KLEIN-GLIENICKE

PLEASUREGROUND IM SCHLOSSPARK KLEIN-GLIENICKE 42

te wie Kunstwerke, Blumenrabatten, Brunnen und Bänke installiert wurden und der Gartenbereich mit reichhaltigen, raumbildenden Gehölzen bepflanzt wurde.

Heute kann der Besucher wieder den Blick weit schweifen lassen und sich die Größe und die Großartigkeit dieses Weltkulturerbes selbst vor Augen führen.

Klein-Glienicke, eines der baulich wie landschaftsgärtnerisch reizvollsten Ensembles der Region

Zehlendorf, Ortsteil Wannsee, Königstraße 36

S-Bahn Wannsee
     S1, S7, RE1

Bus   Schloß Glienicke
     116

Gartenstadt Staaken

Am äußersten westlichen Stadtrand Berlins liegt eine Siedlung, die in ihrer Gesamtheit als Denkmal erhalten ist: die Gartenstadt Staaken.

Diese Gartenstadt entstand als modellhafte Anlage zur Erweiterung der Metropole Berlin. Danach sollte die hochverdichtete Mietshausbebauung zugunsten von weitgehend autarken und durchgrünten Siedlungseinheiten mit genossenschaftlicher Struktur abgelöst werden. Die 1913 gegründete Genossenschaft ging auf eine Initiative des Kriegsministeriums zurück und wurde auch von ihm gegängelt und kontrolliert. Schon im Sommer 1914 konnte die Genossenschaft mit den ersten Bauarbeiten beginnen. Der junge Architekt Paul Schmitthenner durfte hier sein erstes großes Projekt verwirklichen. Das Musterprojekt wurde für die Arbeiter der Rüstungsindustrie mit 1 000 Wohnungen und einer großzügigen Infrastruktur für 5 000 Bewohner ausgelegt. Es handelt sich bei der Anlage in Staaken um die letzte vor dem Krieg begonnene und während der Kriegsjahre fast vollständig fertiggestellte Siedlung in Deutschland.

Die Architektur der Gartenstadt Staaken ist geprägt von dem virtuosen Umgang mit Typen, Gruppen und Varianten. Die ersten Bauten wurden in der handwerklich aufwendigen Klinkerbauweise ausgeführt. Mit Hilfe eines ausgeklügelten Baukastensystems wird ein vielfältiges und doch homogenes Erscheinungsbild erzielt. Die Vorbilder wurden dabei, wie zu der Zeit üblich, aus der regionalen Architektur vom Barock bis zum Klassizismus bezogen. Es entstand eine Art anheimelnde Landstadt am Rande der Industriemetropole. Paul Schmitthenner gilt als einer der Hauptvertreter der traditionalistischen Architekturschule, die Entwürfe für die Gartenstadt Staaken können quasi als sein Frühwerk

GARTENSTADT STAAKEN 43

43   GARTENSTADT STAAKEN

gelten. An den unterschiedlichen Bauphasen der Gartenstadt läßt sich bis heute deutlich die Entwicklung über die Kriegsjahre hinweg zur Einfachheit und Strenge der 20er-Jahre-Architektur ablesen. Vor allem für den Siedlungsbau zu Beginn der 20er Jahre diente Staaken häufig in Deutschland als Vorbild, so sind die konzeptionellen und baulichen Ähnlichkeiten etwa mit der großen Gartenstadt Wandsbek in Hamburg auffällig.

Heute gilt die Gartenstadt Staaken bei ihren Bewohnern nicht nur als Architekturdenkmal, sondern vielmehr als begehrte Adresse für junge Familien, die den ungebrochen hohen Wohnwert, der durch die Kombination von Urbanität und Naturnähe geschaffen wird, zu schätzen wissen.

Eine begehrte Adresse für junge Familien

Spandau, Ortsteil Staaken

RegionalBahn Staaken
    10
    Albrechtshof
    18

Bus   Gartenstadt Staaken oder Heidebergplan
             131, 237

Haus und Garten Harteneck

Der Stadtteil Grunewald gilt in Berlin zurecht als das vornehmste Viertel der Stadt. Eine besonders noble Adresse ist die Douglasstraße, und hier wiederum die Hausnummer 7-9. Allerdings wohnt hier keiner der Reichen und Mächtigen, statt dessen ist das als Villa Harteneck bekannte Anwesen im Besitz der Stadt.

Die Bedeutung der Villa Harteneck und des zu ihr gehörenden Gartens liegt zum einen in der Qualität der Anlage selbst begründet, zum anderen in der Ensemblewirkung, die sich aus der Häufung bedeutender historischer Bauten in der Douglasstraße ergibt. Hier zeigt sich noch immer ein geschlossenes Straßenbild, das neben seiner denkmalpflegerischen Bedeutung auch städtebaulich besonders wichtig ist. Die Villa Harteneck, in der Mitte der Straße gelegen, dominiert das Villenensemble nicht nur durch ihre Größe. Vielmehr vermittelt „die stolze und fast feierliche Haltung des Landsitzes", wie ein früher Ortschronist anmerkt, ein auch für die Kaiserzeit ungewöhnliches Repräsentationsbedürfnis.

Das Haus und der Garten wurden 1911 von dem bedeutenden Architekten Adolf Wollenberg entworfen und stellen heute ein wichtiges Zeugnis der ortsgeschichtlichen Entwicklung dar. Der Garten gliederte sich ursprünglich in einen architektonisch gestalteten „Parterrebereich", der sich an das Haus anschloß, einen landschaftlichen Gartenteil und einen Nutzgarten mit Treibhäusern. Dieser Nutzgarten ist heute allerdings wegen Grundstückseinbußen nicht mehr vorhanden.

Entsprechend der inhaltlichen Gestaltung der einzelnen Räume der Villa plante der Architekt Wollenberg die Ausstat-

44 HAUS UND GARTEN HARTENECK

tung der Gartenräume. Der repräsentativen, neoklassizistischen Südfassade mit den Gesellschaftsräumen lagerte er ein geometrisches, länglich gestrecktes Rasenparterre vor. In der Mitte dieser etwas vertieften Rasenfläche befand sich ein ovales Fontänenbecken. An der Grenze zum Nachbargrundstück, also gegenüber der Hausterrasse, installierte Wollenberg eine Pergola, ausgestattet mit einem kleinen Brunnen. Dieser Gartenbereich zeigt in seiner Formstrenge und der geschickten Höhenstaffelung deutlich den Einfluß historischer Gartenformen.

Von anderer Qualität ist dagegen der erheblich tiefer gelegene Gartenteil, dessen geschwungene Wege die Formensprache des Landschaftsgartens aufweisen. Versehen mit den üblichen Ausstattungselementen wie Teehaus, platzartigen Wegeausweitungen mit Bänken und einem großen Pflanzenreichtum, leitet dieser Gartenbereich thematisch in die benachbarte Waldrandzone des Grunewalds über.

Heute ist der Garten der Villa Harteneck Teil des Grünzuges Grunewald und seit seiner Wiederherstellung 1985 für die Öffentlichkeit zugänglich. Gartenkenner und Entspannungsuchende erfreuen sich gleichermaßen an dem gärtnerischen Schmuckstück.

Wilmersdorf, Ortsteil Grunewald, Douglasstraße 7-9

S-Bahn	Grunewald
	S7
Bus	Hagenplatz
	119, 186

Olympiagelände

Stein gewordene Geschichte stellt das Olympiagelände dar: Architekturgeschichte, Sportgeschichte und auch „richtige" politische Geschichte spiegelt sich in der Anlage wider.

Dreimal sollte Berlin Hauptaustragungsort der Olympischen Spiele werden: 1916, 1936 und im Jahre 2000. Die Anlage ist die Schöpfung der Architektenfamilie March und geht im Kern auf das Jahr 1909 zurück. Damals erbaute Otto March im nördlichsten Ausläufer des Grunewaldes eine 2 400 Meter lange Pferderennbahn. Als die Spiele von 1916 nach Berlin vergeben wurden, entstand innerhalb dieser Rennbahn das seinerzeit größte Sportstadion der Welt für 40 000 Zuschauer. Kriegsbedingt fielen die Olympischen Spiele aus, und das Stadion wurde vor allem für militärische Feiern verwendet. Die 1922 angesiedelte „Hochschule für Leibesübungen" bildete dann die Grundlage für das „Deutsche Sportforum", das die March-Söhne Werner und Walter 1928 anlegten.

Als Berlin 1931 den Zuschlag für die Spiele im Jahre 1936 erhielt, bekam Werner March den Auftrag, das Deutsche Stadion umzugestalten. Die kurz darauf an die Macht gelangten Nationalsozialisten aber erkannten sogleich den Prestigewert der Olympischen Spiele und veranlaßten die komplette Neuplanung eines gigantischen „Reichssportfeldes". So entstand unter Werner Marchs Leitung bis 1936 die streng symmetrische Gesamtanlage: der Olympische Platz, das zwölf Meter unter Bodenniveau abgesenkte Olympiastadion für 110 000 Zuschauer, das Maifeld, ein Aufmarschplatz für die ungeheure Zahl von 500 000 Menschen, dessen Tribüne mit der Langemarckhalle von dem 78 Meter hohen Glockenturm überragt wird. Hinzu kamen eine Freilichtbühne, die heutige Waldbühne, Reit-, Hockey- und Schwimmstadion sowie weitere Anlagen des Deutschen Sportforums. Dem Architekturhistoriker fällt hierbei

OLYMPIAGELÄNDE 45

45 OLYMPIAGELÄNDE

die nahtlose Einbeziehung des „alten" Sportforums auf, die die Kontinuität einer monumentalisierenden Architektur von den 20er Jahren bis zur Nazizeit belegt.

Bekanntlich wurden die Olympischen Spiele tatsächlich eine ebenso riesige wie erfolgreiche Propagandaveranstaltung, auf der sich das „Dritte Reich" der Welt präsentieren konnte. An dem Erfolg hatte das nationalsozialistische „Gesamtkunstwerk" Reichssportfeld einen nicht unerheblichen Anteil. Es funktionierte – und funktioniert noch – durch die Verbindung von Bauwerk und Natur, von Kulisse und Inszenierung, aber auch durch das Zusammenspiel von Architektur und Skulpturen. Alles das war integraler Bestandteil der nationalsozialistischen „Kultur"-Politik und ist noch heute in eindrucksvoller Weise auf dem Olympiagelände zu sehen und zu erleben. Wie lange dies noch so sein wird, hängt vor allem vom weiteren Schicksal des Olympiastadions ab, dessen baulicher Zustand in weiten Bereichen schlecht ist. Auch und gerade wegen seiner bewegten Vergangenheit verdient es die Anlage, als einzigartiges Architekturdenkmal erhalten zu werden.

Charlottenburg,
Hans- Braun-Straße, Jesse-Owens-Allee, Trakehner Allee

Geöffnet: 8.00 Uhr bis zum Einbruch der Dunkelheit

U-Bahn	Olympiastadion (Ost)
	U2
S-Bahn	Olympiastadion
	S5, S75
Bus	Coubertin-Platz oder Olympischer Platz
	218

Russischer Friedhof

Der heute neben der Stadtautobahn nicht sehr idyllisch gelegene kleine Friedhof der russisch-orthodoxen Gemeinde stand nie im Blickfeld der Öffentlichkeit. Dabei ist er Ruhestätte einer ganzen Reihe von Persönlichkeiten aus Kultur, Politik, Wirtschaft und Militär aus der Zeit um die Jahrhundertwende.

Von diesen seien genannt: Wladimir Suchomlinow (gest. 1926), Kriegsminister und Unterzeichner der Kriegserklärung von 1914 gegen das Deutsche Reich, der Publizist Wladimir Nabokow (gest. 1922), Vater des „Lolita"-Autors gleichen Namens und der kaiserliche Staatsrat Michael Eisenstein (gest. 1920). Auch er ist heute eher als Vater bekannt, nämlich als der des „Panzerkreuzer Potemkin"-Regisseurs Sergej Eisenstein. Nicht zuletzt aber wurde der Friedhof zur letzten Ruhestätte für zahlreiche unbekannte Emigranten. Gerade dadurch ist die 1894 eingeweihte Anlage ein beredtes Zeugnis der jüngeren russisch-deutschen Geschichte.

Zu Beginn des 19. Jahrhunderts stand der kleinen russisch-orthodoxen Gemeinde Berlins für Gottesdienste und Totenmessen nur die Hauskirche der Russischen Botschaft zur Verfügung. Beisetzungen fanden notgedrungen auf den vorwiegend protestantischen Friedhöfen Berlins statt. Auf den Priester der Botschaftskirche geht die mit Spendengeldern reicher Russen finanzierte Anlage in Wittenau, weit vor den Toren des damaligen Berlin gelegen, zurück. Die Grundsteinlegung für die den Friedhof dominierende Kapelle erfolgte 1893.

Die Friedhofsanlage, wie sie sich gegenwärtig darstellt, stammt in ihren wesentlichen Zügen noch aus der Zeit ihrer Gründung. Die üblichen Altersspuren und auch die Folgen zweier

46 RUSSISCHER FRIEDHOF

RUSSISCHER FRIEDHOF

Weltkriege sind zwar ablesbar, doch blieben dem nun schon über 100 Jahre alten Friedhof gesellschaftspolitisch motivierte „Säuberungen" erspart. Das Bild wird heute wie damals von den überwiegend schlichten, weiß gestrichenen russischen Holzkreuzen bestimmt. Imposant wirkt das aus gelben Klinkern errichtete Haupttor mit seinem Glockenturm, in dem sich sieben Glocken befinden. Nachdem der Besucher unter den Glocken hindurch den Friedhof betreten hat, fällt sein Blick auf die Kapelle, die sich im Zentrum eines symmetrisch angelegten Wegekreuzes erhebt. Die Gesamtanlage, die als einzige in Deutschland Friedhof und Kapelle umfaßt, nimmt unter den russisch-orthodoxen Friedhöfen eine Sonderstellung ein. Sie ist Denkmal einer fremden Kultur und Zeugnis einer weltoffenen Stadt.

Reinickendorf, Ortsteil Wittenau, Wittestraße

U-Bahn	Holzhauser Straße
	U6
Bus	Holzhauser Straße
	133, 322
	Holzhauser Straße/ Wittestraße
	322

DANKE

Unser Dank geht an den Landeskonservator Dr. Jörg Haspel und seine Mitarbeiterin Dr. Christine Wolf. Insbesondere geht der Dank auch an die Fotografen des Landesdenkmalamtes Berlin, Wolfgang Reuss und Wolfgang Bittner. Sie alle haben uns in hervorragender Art und Weise unterstützt.

Der Dank richtet sich auch an Herrn Dr. Eberhard Jahn, Knorr-Bremse Berlin, Hans Kluge von der Berliner Morgenpost und Helmut W. Joos, J.S.K. Frankfurt/Main. Erst durch ihre Hilfestellung wurde die Produktion dieses Buches möglich.

AUTOR

Reiner Elwers wurde 1954 in Hamburg geboren. Er studierte Publizistik in Berlin. Nach langjähriger Tätigkeit als Lektor in einem Verlag für Berlin-Brandenburger Regionalliteratur, arbeitet er heute als freier Reisejournalist und Buchautor. Neben zahlreichen osteuropäischen Reisezielen ist die faszinierende Hauptstadt Berlin immer wieder Thema seiner Veröffentlichungen. Nicht nur deshalb lebt und arbeitet er in Berlin. Im L&H Verlag erschien von ihm zuletzt „Linie 100, Berlin-Tour in 33 Minuten".

*A*uch er braucht *S*icherheit
im Alter

Geschaffen als Zeichen der unbekümmerten Jugend kämpft dieser steinerne Putto heute um sein Überleben.

Wie tausende von bedrohten Schlössern, Kirchen und Klöstern, Bürgerhäusern und Burgen benötigt er Hilfe.

Helfen auch Sie bei der Rettung unseres bedrohten kulturellen Erbes!

DEUTSCHE STIFTUNG
DENKMALSCHUTZ

Schirmherr: Bundespräsident Prof. Dr. Roman Herzog

Spenden-Konto Bonn 55 5 55
Dresdner Bank Bonn BLZ 380 800 55

Deutsche Stiftung Denkmalschutz . Koblenzer Straße 75 . 53177 Bonn

Bühnenarbeiter

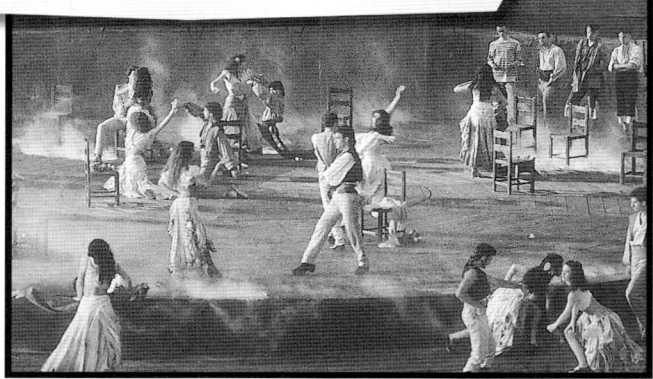

Oder warum wir aus Prinzip auch immer hinter die Kulissen schauen.

Was das kulturelle Berliner Leben angeht, so ist dies wohl das vielfältigste, umfangreichste und „bunteste" in ganz Deutschland.

So vielgestaltig wie dieses Angebot ist auch unser Feuilleton. Durch seine übersichtliche Unterteilung in einzelne Sparten – wie z. B. Theater, Kunst, Musik, Film, Ausstellungen oder Showtime – läßt es jeden Kultur-Interessierten schnell sein persönliches „Genre" finden. Dazu Besprechungen, Vorstellungen, Rezensionen, Kommentare, Lob, Kritik und Empfehlungen zu absolut Sehens- und Hörenswertem. Und als besonderen Service: die „Kurzkritik", die ganz aktuell, schon am nächsten Morgen, über den vergangenen Premierenabend informiert.

Komplettiert wird all das jeden Freitag durch „BM live", das aktuelle Kultur- und Kino-Programm. Und jedes Wochenende durch „Lektüre", die Rubrik für alle, die nicht nur ihre Berliner Morgenpost gern lesen.

100 JAHRE BERLINER MORGENPOST
BERLINER ALLGEMEINE
Wir bringen es zur Sprache

Gesellschaft der Freunde
des Dessau-Wörlitzer Gartenreiches e.V.

Werden Sie heute Mitglied
und zeigen Sie Ihr Verantwortungs-
bewußtsein für den Erhalt
des kulturellen Erbes
und der Natur in der Zukunft.

Gesellschaft der Freunde des
Dessau-Wörlitzer Gartenreiches e.V.
Schloß Großkühnau
06846 Dessau

Tel. (0340) 64615-11 · Fax (0340) 64615-10

Der Freistaat Sachsen ist reich an kulturellen Zeugnissen verschiedener Epochen. Auch die Parks und Gärten von Altzella, Großsedlitz oder Muskau zählen dazu. Entdecken Sie Sachsens grüne Schätze: Ein Vergnügen besonderer Art.

ISBN 3-928119-26-5
DM 24,80

Klassizistische Schlösser, Farkanlagen im englischen Stil und viel Kleinarchitektur sind in die Wörlitzer Anlagen eingebettet. Dieses aktuelle Buch führt durch das einmalige Gesamtkunstwerk von Landschaft und Architektur.

ISBN 3-928119-42-7
DM 19,80

L&H VERLAG

Baumwall 5 · 20459 Hamburg · Telefon: 040/36 97 72 45 · Fax: 040/36 97 72 60

MUSEUMS*J*OURNAL

BERLIN und POTSDAM

Museums-Journal:
Die umfassende und
aktuelle Information
zum Angebot der
Museen und Schlösser
in Berlin und Potsdam

Jahresabonnement:
4 Hefte, DM 40,–
(incl. Versandkosten).
Bestellungen an den
Museumspädago-
gischen Dienst Berlin

Museums-Journal:
Streifzüge durch eine
Kulturlandschaft.
Beiträge zu Sammlun-
gen und Ausstellungen,
Forschung, Neuerwer-
bungen und Veranstal-
tungen, Museumsalltag
und Museumspolitik.
Museumsleute vis-à-vis.
Ausführlicher Kalender
mit Führungsangeboten
und Fahrverbindungen.
Alle drei Monate neu:
Januar, April, Juli,
Oktober.
Einzelheft DM 10,–

Museums-Journal:
Berichte aus den
Museen, Schlössern
und Sammlungen in
Berlin und Potsdam.
Zugleich »Berliner
Museen 6. Folge«

**Herausgegeben vom
Museumspädago-
gischen Dienst Berlin
Chausseestraße 123
D–10115 Berlin
Tel: 030/283 97 3
Fax: 030/282 61 83**

Ihr Opernplatz im 18. Jahrhundert

Eine Loge in der Lindenoper

Unterhaltsam erzählt die Historikerin Dr. Ingrid Scheurmann die wechselvolle Geschichte der Lindenoper. Faszinierende Fotos lenken den Blick auf die Architektur, mehr noch: Text und Bilder spiegeln das Erlebnis eines Opernabends wider und führen Sie durch ein Stück europäischer Kulturgeschichte.

Ingrid Scheurmann (Text)
Marie-Luise Preiss (Fotos)
mit einem Vorwort von Daniel Barenboim

Szenenwechsel.
Eine Kulturgeschichte der Oper und der Berliner Staatsoper Unter den Linden

144 Seiten, 129 Abb.
Format 15 x 23 cm
ISBN 3-9804890-4-3
DM 39,80

Bestellungen
bitte an:
MONUMENTE
Kommunikation
GmbH
Dürenstraße 8,
53173 Bonn,
Tel.: 0228/95 73 5-0
Fax: 0228/95 73 5-28

AUS DEM L&H VERLAGSPROGRAMM

KULTUR

Hamburgs unbekannte Kulturdenkmäler	DM 29,80
Hamburger Museumsführer	DM 25,--
Hamburger Museumsführer für Kinder	DM 19,80
Berlins unbekannte Kulturdenkmäler	DM 29,80
Berliner Museumsführer	DM 25,--
Berliner Museumsführer für Kinder	DM 19,80
Linie 100. Berlin-Tour in 33 Minuten	DM 14,80
Frankfurter Museumsführer	DM 9,80
Museumsführer Schleswig-Holstein	DM 12,80
Museumsführer Rhein/Ruhr	DM 25,--
Museumsführer Harz/Hannover	DM 9,80
Museumsführer Franken	DM 25,--
Museumsführer Oberbayern/München	DM 25,--
Erlebnis Handwerk. Museen und Sammlungen in Deutschland	DM 34,80
Horizonte. 125 Jahre Handwerkskammer Hamburg	DM 39,80
Das Rathaus der Freien und Hansestadt Hamburg	DM 128,--
Die Hafenkante - von Oevelgönne bis zum Meßberg	DM 68,--
Hamburg Grün. Die Gärten und Parks der Stadt	DM 34,80
Gärten und Parks in Sachsen	DM 24,80
Schlösser und Herrenhäuser in Mecklenburg-Vorpommern	DM 24,80
Schlösser und Gutsanlagen in Schleswig-Holstein	DM 34,80
Das Gartenreich Dessau-Wörlitz	DM 19,80
The Garden Kingdom of Dessau-Wörlitz	DM 19,80
Wedgwood	DM 34,80
Märkische Dichterwege	DM 49,80
Statuen in Potsdam	DM 19,80
Kulturrouten Niedersachsen, Bd. 1 Hannover-Braunschweig	DM 24,80

WIRTSCHAFT

Aphorismen für Führungskräfte	DM 29,80
Philosophie für Führungskräfte	DM 39,80
Projektleiter mit Profil	DM 34,80

L&H VERLAG

Baumwall 5 · 20459 Hamburg · Telefon: 040/36 97 72 45 · Fax: 040/36 97 72 60

Liniennetz der S- und U-Bahn
Berlin und Umland

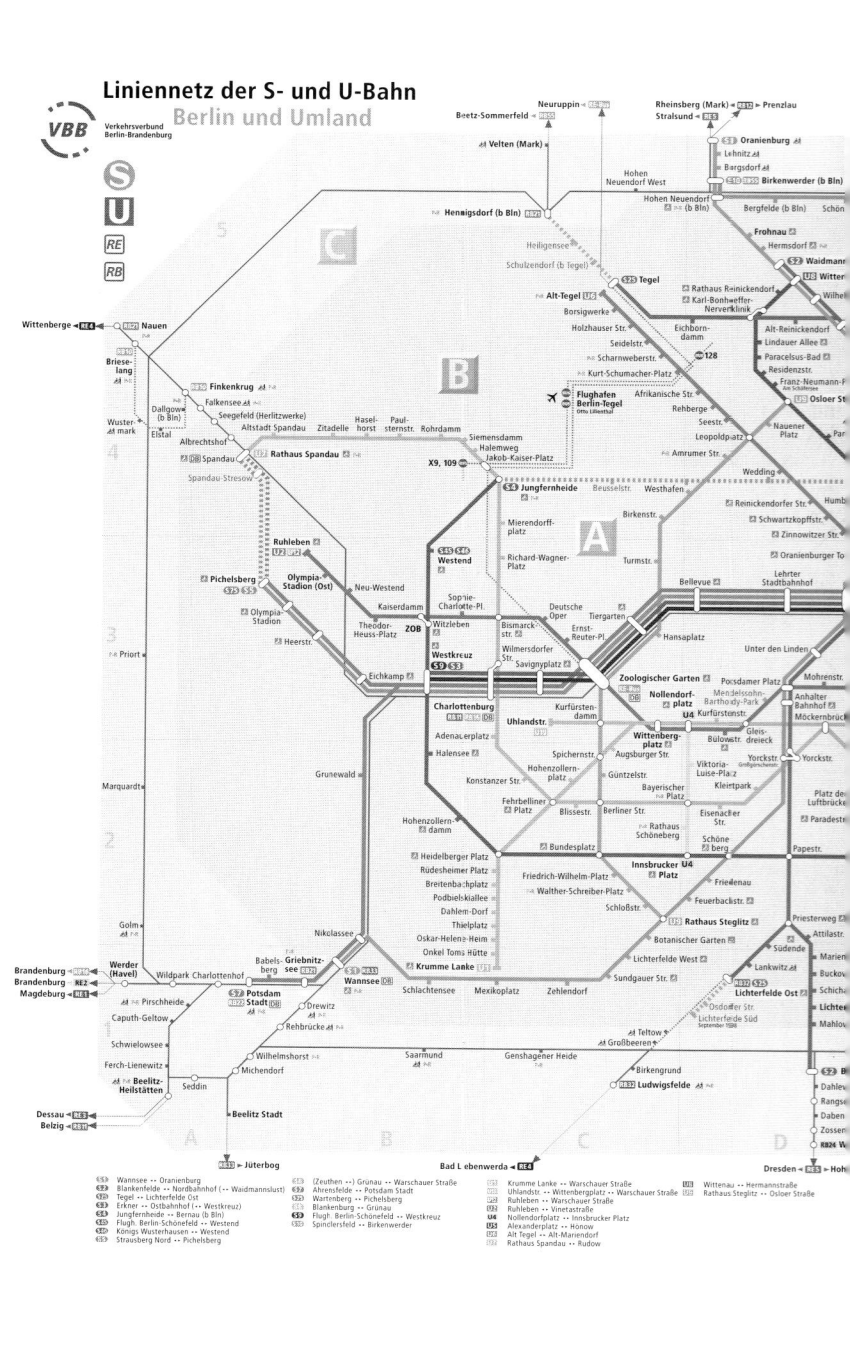

VBB Verkehrsverbund Berlin-Brandenburg

Legende

- Umsteigemöglichkeit
- DB Fernbahnhof
- ZOB Zentraler Omnibusbahnhof am Funkturm (ZOB)
- Behindertengerechter Zugang
- Behindertenfreundlicher Zugang
- Parkplatz für Schnellbahn-Fahrgäste
- Beusselstr. Strecke in Bau
- ············ Schienenersatzverkehr
- ► Züge in Pfeilrichtung halten nicht am Bhf Ostkreuz
- U55 Nur bei Großveranstaltungen und im Nachtverkehr Fr/Sa, Sa/So ca. 1.00–4.00 Uhr

Bezeichnung der Bahnhöfe unter Fortlassung der Tarifbezeichnung Berlin bzw. Potsdam

Information

Verkehrsverbund Berlin-Brandenburg GmbH
Hardenbergplatz 2, 10623 Berlin
℡ (030) 25 41 41 41

S-Bahn Berlin GmbH
Kundenbüro
Invalidenstr. 19, 10115 Berlin
℡ (030) 297 19 843

BVG
℡ (030) 19 449

Deutsche Bahn AG
Geschäftsbereich Nahverkehr
Regionalbereich Berlin/Brandenburg
Martin-Luther-Str. 1-1a, 10777 Berlin
℡ 01803 194 195

Wensickendorf ► Groß Schönebeck
► Stralsund
► Schwedt (Oder)
► Eberswalde

Basdorf
Schönwalde (Barnim)
Bernau (b Bln) DB
Bernau-Friedenstal
Zepernick (bei Bernau)
Röntgental
Buch
Karow
Blankenburg
Pankow-Heinersdorf
Pankow
Vinetastr.
Schönhauser Allee
Wartenberg
Hohenschönhausen
Gehrenseestr.
Mehrower Allee
Raoul-Wallenberg-Str.
Marzahn
Springpfuhl
Poelchaustr.
Louis-Lewin-Str.
Hellersdorf
Cottbusser Platz
Neue Grottkauer Str.
Kaulsdorf Nord
Biesdorf
Wuhletal
Kaulsdorf
Elsterwerdaer Platz
Biesdorf Süd
Friedrichsfelde
Tierpark
Rummelsburg
Betriebsbahnhof Rummelsburg
Karlshorst
Wuhlheide
Köpenick
Hirschgarten
Friedrichshagen
Rahnsdorf
Wilhelmshagen
Erkner
Fangschleuse
Fürstenwalde (Spree)
► Cottbus

Hönow
Strausberg Nord
Strausberg Stadt
Hegermühle
Strausberg
Petershagen Nord
Fredersdorf (b Bln)
Neuenhagen (b Bln)
Hoppegarten (Mark)
Birkenstein
Mahlsdorf
► Kostrzyn

Werneuchen
Seefeld (Mark)
Blumberg (b Bln)
Ahrensfelde Nord
Ahrensfelde Friedhof
Ahrensfelde
► Tiefensee

Brunnen...
Rosenthaler Str.
Bernauer Str.
Weinmeisterstr.
Eberswalder Str.
Senefelderplatz
Rosa-Luxemburg-Platz
Hackescher Markt
Alexanderplatz U5
Schillingstr.
Jannowitzbrücke
Klosterstr.
Märkisches Museum
Spittelmarkt
Hausvogteiplatz
Heinrich-Heine-Str.
Prinzenstr.
Moritzplatz
Kottbusser Tor
Görlitzer Bahnhof
Schönleinstr.
Hermannplatz
Südstern
Boddinstr.
...hafen-Tempelhof
Leinestr.
Hermannstr. U8
...augusta-Str.
Prenzlauer Allee
Greifswalder Str.
Landsberger Allee
Storkower Str.
Strausberger Platz
Frankfurter Tor
Frankfurter Allee
Weberwiese
Samariterstr.
Warschauer Str.
Ostbahnhof
Ostkreuz
Nöldnerplatz
Magdalenenstr.
Friedrichsfelde Ost
Lichtenberg U5
Treptower Park
Rathaus Neukölln
Karl-Marx-Str.
Sonnenallee
Neukölln
Grenzallee
Blaschkoallee
Parchimer Allee
Britz-Süd
Johannisthaler Chaussee
Lipschitzallee
Wutzkyallee
Zwickauer Damm
Rudow U7 171
Köllnische Heide
Schöneweide
Betriebsbahnhof Schöneweide
Plänterwald
Baumschulenweg
Oberspree
Spindlersfeld
Adlershof
Grünau
Eichwalde
Altglienicke
Grünbergallee
Zeuthen
Wildau
Königs Wusterhausen
171 Flughafen Berlin-Schönefeld
► Cottbus
► Frankfurt (Oder)
► Senftenberg

...Teltow-Fläming

Stand: Mai 1998
Herausgeber: Verkehrsverbund Berlin-Brandenburg GmbH
Gestaltung: kontur

12 Thesen zu Denkmalschutz und Denkmalpflege

1. Denkmalpflege ist täglich wirksame Kulturpolitik.
2. Denkmalpflege erhält die kulturelle Infrastruktur.
3. Denkmalpflege erhält Lebenszusammenhänge.
4. Denkmalpflege schafft Standortqualität.
5. Denkmalpflege fördert die mittelständische Wirtschaft.
6. Denkmalpflege verhindert kostenträchtige Fehlinvestitionen.
7. Denkmalpflege stützt Sparsamkeitsdenken.
8. Denkmalpflege setzt Investitionen frei, ist also wirtschaftsfördernd.
9. Denkmalpflege schafft Arbeitsplätze.
10. Denkmalpflege fördert verantwortungsvollen Umgang mit Ressourcen der Gesellschaft.
11. Denkmalpflege trägt zur Stützung des kritischen Bewußtseins der Bürgerinnen und Bürger bei.
12. Denkmalpflege dient der Stärkung des sozialen Friedens.

Quelle: Deutsches Nationalkommitee für Denkmalschutz
beim Bundesministerium des Inneren,
Kursbuch Denkmalschutz

Berliner Museumsführer...

Die 5. völlig überarbeitete Neu-Auflage

Jetzt überall im Buchhandel!

- über 250 Seiten
- Gastronomietips
- Querhinweise zu weiteren kulturellen Highlights
- Über 130 Museen mit ausführlichen Beschreibungen
- Stadtkarten und Fahrthinweise
- Unverzichtbar für jeden Berliner und jeden Besucher

ISBN 3-928119-41-9
DM 25,-

- Der Berliner Museumsführer für Kinder
- Mit allen Kinder- und Jugendangeboten der Berliner Museen
- Von 4 bis 16
- Für Eltern, Großeltern, Onkel und Tanten und natürlich alle Kids!

ISBN 3-928119-18-4
DM 19,80

L&H VERLAG

Baumwall 5, 20459 Hamburg
Tel. 040/36 97 72 45, Fax 040/36 97 72 60

Berlin und Umgebung

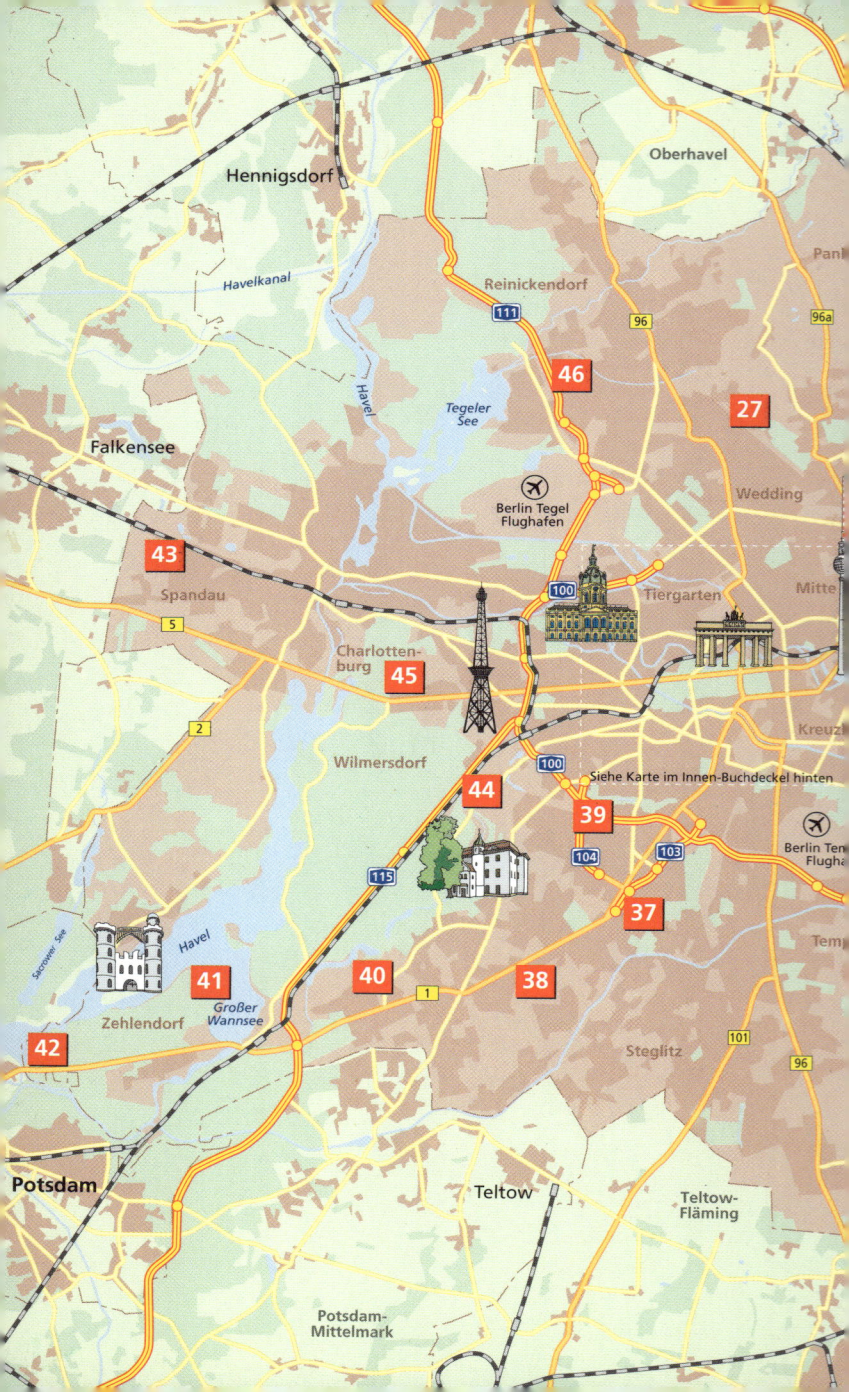

Orte:
- Hennigsdorf
- Oberhavel
- Reinickendorf
- Falkensee
- Wedding
- Mitte
- Spandau
- Charlottenburg
- Tiergarten
- Wilmersdorf
- Kreuzberg
- Zehlendorf
- Steglitz
- Potsdam
- Teltow
- Teltow-Fläming
- Potsdam-Mittelmark

Gewässer:
- Havelkanal
- Havel
- Tegeler See
- Großer Wannsee
- Sacrower See

Flughäfen:
- Berlin Tegel Flughafen
- Berlin Tempelhof Flughafen

Nummerierte Markierungen: 27, 37, 38, 39, 40, 41, 42, 43, 44, 45, 46

Straßen: 111, 96, 96a, 100, 103, 104, 115, 101, 5, 2, 1

Siehe Karte im Innen-Buchdeckel hinten

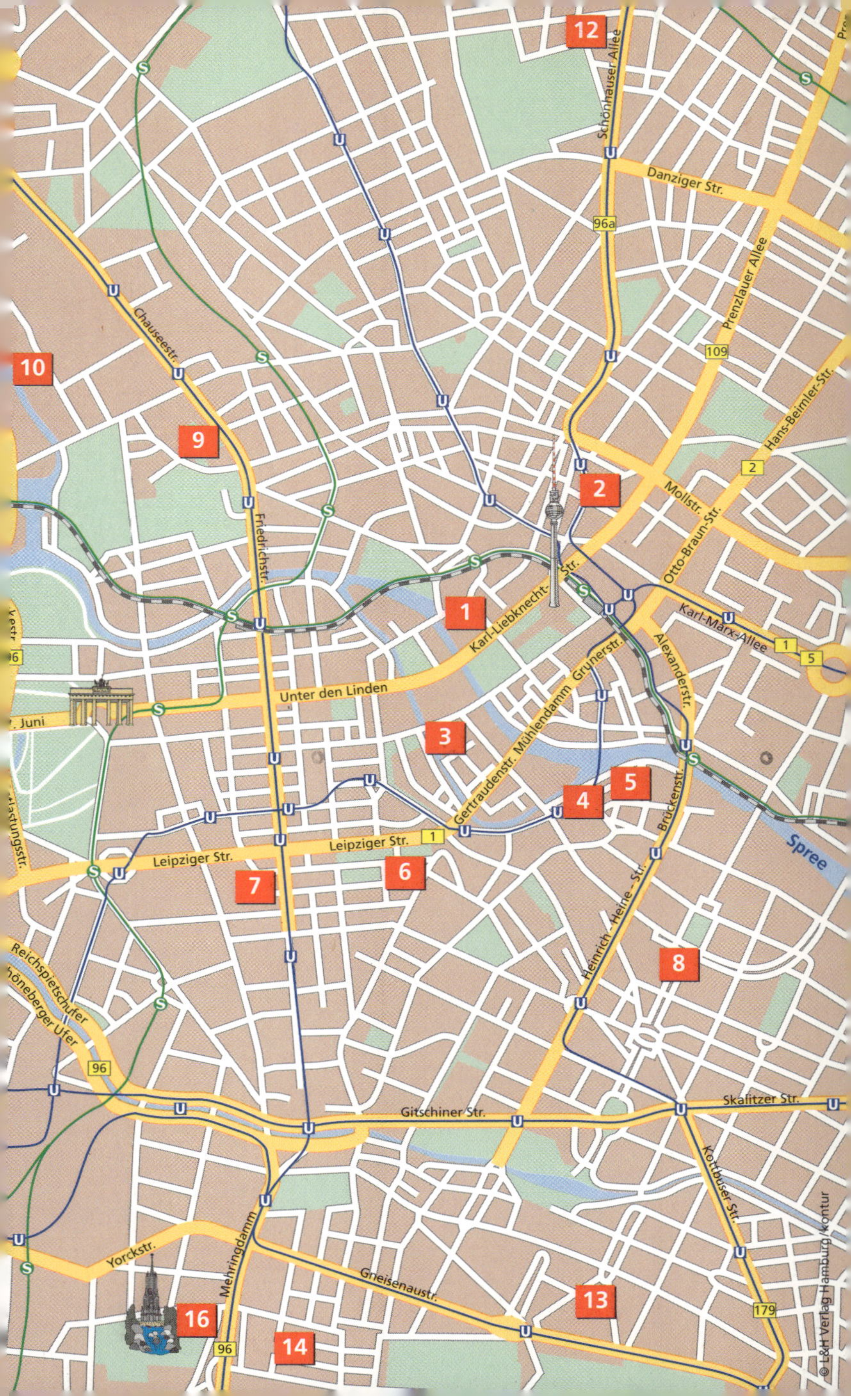

12
Schönhauser Allee
Danziger Str.
96a
Prenzlauer Allee
109
Hans-Beimler-Str.
2
10
Chauseestr.
9
Friedrichstr.
2
Mollstr.
Otto-Braun-Str.
1
Karl-Liebknecht-Str.
Karl-Marx-Allee
1
5
96
Unter den Linden
Juni
Grunerstr.
Alexanderstr.
3
Mühlendamm
Gertraudenstr.
5
4
Brückenstr.
Spree
Leipziger Str.
Leipziger Str.
1
6
7
Heinrich-Heine-Str.
8
Reichspietschufer
Schöneberger Ufer
96
Gitschiner Str.
Skalitzer Str.
Kottbuser Str.
Yorckstr.
Mehringdamm
Gneisenaustr.
13
16
96
14
179
© L&H Verlag Hamburg/kontur